W0309339

Tatjana Goritschewa

Unaufhörlich sucht der Mensch das Glück

Tatjana Goritschewa

Unaufhörlich sucht der Mensch das Glück

Reisetagebuch

Aus dem Russischen von Birgit Butz

Herder
Freiburg · Basel · Wien

Alle Rechte vorbehalten – Printed in Germany
© Verlag Herder Freiburg · Basel · Wien 1989
Technische Herstellung: Freiburger Graphische Betriebe 1989
ISBN: 3-451-21406-7

Jede Reise ist wie ein Spiegel.
Eine Initiation soll sie werden,
kein Weglaufen,
sondern ein Zu-sich-selbst-Kommen.

Patmos, Sommer 1985

Gott der Herr formt diese Felsen jeden Tag neu, verleiht ihnen reine, kräftige Farben. Tiefblau ist der Himmel, tiefblau das Meer, gelb schimmern die Berghänge. Und weiß, rein und leuchtend sind die Kirchen, wie die weißen Gewänder der Apokalypse.

Von vielem erzählen die gelb-braunen Abhänge, auf denen das Gras von der Hitze ausgetrocknet und dürr geworden ist, wo sich die biegsam, fast ohne Wasser auskommenden Bäume fest an das Erdreich klammern. Und wie zart, wie transparent ist in allem die Grenze zwischen dem Leben und dem Tod! Angst einflößend schauen mich die glänzenden und harten Dornen an – sie, die törichten, haben wie die Sonnenblumen van Goghs lange ums Überleben gekämpft. Die Seele der Gräser und der Bäume stöhnt.
Aber in der Höhle der Apokalypse ist die Fülle von allem. Hier möchte man das ganze Leben lang bleiben, möchte den dunklen Stein berühren und wieder und wieder verstehen, warum sich gerade hier Gott in seiner ganzen Kraft und Macht offenbarte. Man möchte sich in das „mit Augen angefüllte" Tier verwandeln, das weder am Tag noch in der Nacht Ruhe kennt und ausruft: „Heilig, Heilig, Heilig ist Gott der Herr, der alles erhält!" (Offenbarung 4,8).

In der dunklen linken Ecke der Höhle sieht man in der Wand die Vertiefung für den Kopf des Apostels, und eine andere Vertiefung ist da für die Hand, damit sich der schon sehr alte Seher halten konnte, wenn er knieend betete (er war schon über 90 Jahre alt, als er nach Patmos gesandt wurde). Darum herum gab es nichts, nur diesen Stein. Äußerstes, eschatologisches, asketisches Sein, radikale Armut. Das Gegenteil von Armut ist nicht der Reichtum, sondern eine Armut, die die Weite des Himmels und die Tiefe des Meeres in sich aufnahm, die Geheimnisse des Universums und die Offenbahrung über die letzten Tage. Eben diese Armut erschütterte mich in der Höhle der Apokalypse.

Die Schwere dieser Steine – sie belastet nicht und drückt nicht zu Boden, es ist keine gewöhnliche von den Sünden herrührende Schwere. Denn das Gegenteil von Schwere ist nicht die Leichtigkeit, sondern eine Schwere, so kompakt, daß sie alles Leere und die ganze Verneinung der kraftlosen Welt in sich aufgenommen hat, nachdem sie es überwand. Und das Dunkel der Höhle – es ist die Dunkelheit, die nach den Worten der Mystiker „heller ist als das Licht".

Die Insel Patmos entspricht in besonderer Weise unserer Zeit – hier sind alle Extreme zu einem Endpunkt geführt, zur Metanoia. „Zieh deine Schuhe aus", dieser Ort ist heilig, vergiß alles, was dich in deinem irdischen Leben bewegt.

Ich berühre mit der Stirn und den Wangen den Stein und ich weine – Herr, du mein Gott, verzeih, daß ich mich so weit von dir entfernt habe.

Die Hauptsache aber, die Hauptsache ist, daß ich beim Betreten der Höhle sofort Reue empfand für das, was für mich selbstverständlich geworden war und was ich früher nicht einmal für Sünde hielt. Jetzt, wo ich hier im Westen lebe, in einer Welt, in der nichts sich bewegt, wo wir gleichsam außerhalb der Geschichte leben, verlangte es mich so sehr nach Sturm und Bewegung, nach dem Risiko, nach Umwälzung der ganzen Seele – und da nahm ich mir vor, mich in den Abgrund zu stürzen, ins Abenteuer, wie ich es früher getan hatte, als ich noch keine

Christin war. Das Schlimmste an dieser Versuchung ist ihre Intensität. Denn wenn die Leidenschaft in der Seele brennt, scheint alles übrige unwirklich, trügerisch, ja sogar verlogen. Und nun Patmos, – und dieser Ort heilt mich allein schon durch seine schweigsame Kraft. Diese Realität erwies sich als interessanter und als intensiver als alle Phantasien. Als ob es keine Fragen mehr gäbe, sondern nur eine Antwort, die hervorstrahlt aus einer Vielzahl vordergründiger Möglichkeiten. Die Tragik der Emigration besteht für mich im Fehlen alles Großartigen – mir fehlen die bedeutenden Taten, mir fehlt das große Risiko. Und da in der Höhle habe ich mit dem Herzen verstanden, daß man „im Kleinen arm" sein muß. Wie habe ich meine erste Liebe vergessen können?

Die Höhle ist ein enger Spalt, und der Stein darüber ist auf mütterliche Weise schwebend leicht geformt, als sei er von der warmen Hand Gottes liebevoll gestreichelt worden. Auf der Ikone der Apokalypse ist auch der Himmel zu sehen – in Gestalt einer Wolke über dem in Verzückung daliegenden Apostel. Und in dieser engen Höhlenspalte erschien dem Apostel das Alpha und das Omega, der, der größer ist als das Universum.

Touristen. Wie deplaziert klingen ihre Stimmen. Mit Fingern zeigen sie auf die Ikonen und auf den Stein – aber sie finden keinen Zugang zu dem, was hinter der Ikone und hinter dem Stein ist. Ich sehe, daß sogar gläubige Menschen nicht wissen, wie sie sich diesem heiligen Ort annähern sollen, was sie mit ihren Händen anfangen und wie sie sich hinstellen sollen.

*

Ich wohne im Kloster „Evangelismos". Um 4 Uhr in der Frühe stehe ich auf zum Gottesdienst. Ich verstehe fast kein Wort griechisch, aber deswegen ist die Kraft des

Eindrucks noch heftiger. Der griechische Gesang, langegezogen und überhaupt nicht „psychologisch", ergreift mich durch seine Frische und eine Mächtigkeit, in der überhaupt nichts von Leidenschaft ist. Der russiche Gesang wirkt auf mich froher. Er läßt mehr vom Paradies ahnen, ist kindlicher. Der griechische dagegen kommt irgendwoher aus den Tiefen: ‚Gesang der Sklaven', hat Simone Weil einmal von etwas Ähnlichem gesagt. In diesem Gesang höre ich die ganze Zeit den unterdrückten Schrei, das Entsetzen der alten Mysterienspiele heraus, natürlich in einer schon umgestalteten Form.

Das einzige, was dieses Kloster von unseren russischen Klöstern unterscheidet ist, daß hier die Scharen frommer Menschen aus dem einfachen Volk fehlen. In Rußland ist eine Reise ins Kloster etwas Besonderes, vom Kloster erwartet man Wunder. Und schon diese allein Erwartung im Volk kann Heilige hervorbringen. Aber bei uns in Rußland sind überhaupt nur 18 Klöster übriggeblieben. Es ist also verständlich, daß sie besonders geschätzt und von Tausenden von Pilgern besucht werden.

*

Insel der Offenbarung. Und der Offenheit. Alle Farben sind hier von solcher Reinheit, daß sie zu glühen scheinen. Das sind keine Schatten an den weißen Mauerwänden – das sind dünne bläuliche Feuerzungen – oder rosenfarbene beim Sonnenuntergang.

Das ist die Insel der Apokalypse. Hier ist alles an die Grenze geführt, – die Blöße des Steins, das Blau des Himmels, die Klarheit des Gedankens: „Nicht kalt und nicht heiß, sondern lauwarm" – das Mittelmaß ist es, was Patmos nicht annimmt. Mit Vergnügen betrachte ich die

Gesichter der Mönche und Nonnen. Ich finde hier den Frauentyp, den ich in Rußland so sehr mochte: Sanftmut, Innerlichkeit, ein Nicht-von-dieser-Welt-sein. Gesichter wie aus Licht gewebt, transparent und geheimnisvoll. Sie tragen das Siegel einer so zarten Geistigkeit, einer fast überirdischen Geistigkeit, daß einem Angst wird um sie. In der Gegenwart eines solchen „irdischen Engels" überkommt einen fast die Scheu laut zu sprechen, ja zu atmen. Man kommt sich selbst plump vor und lärmend. Morgen ist das Fest des heiligen Christedul, jenes Mannes, der im 11. Jahrhundert das erste Kloster auf der Insel Patmos gegründet hat. Heute ist in diesem Männerkloster eine nächtliche Liturgie, die mit einer Abendandacht beginnt und einem Gottesdienst in der Frühe endet. Wir betreten den engen Vorraum, wo die Reliquien des Heiligen ruhen, alles ist vollgehängt mit Öllämpchen, Ikonen. Eine enge, von Gold glänzende Höhle.

Die Mönche singen. Langdauernd und langezogen ist ihr Gesang. Von dieser Melodie bewegt, kommt das Herz allmählich zu sich selbst, es wird gereinigt von kleinlichen Ängsten.

Unser Kloster „Maria Verkündigung" bildete sich um den Starez Amphilochij. Zu seinen Lebzeiten gab es hier nur eine kleine Kirche und ein paar bescheidene Gebäude. Aber seine Heiligkeit zog die Menschen an. Man erzählt von der unglaublichen Sanftmut des Starez, er grämte sich über jedes Unglück, aber ohne Vorwurf, ohne Erbitterung, er verstand es, dem Willen Gottes gehorsam zu sein.

Nach seinem Tode begann sein Körper ein wunderbares Aroma auszustrahlen. Es wird erzählt, daß sich sogar das Laboratorium auf einer anderen Insel mit Wohlgeruch anfüllte, das Laboratorium, in dem sich damals ein

Stückchen der Leber des Starez befand, das zur Analyse dorthin gebracht worden war.

Heute wächst das Kloster, jedes Jahr treten hier neue Nonnen ein. Es ist orthodoxe Art, daß um einen Starez herum ein Kloster entsteht. So geht das auch bei uns in Rußland vor sich (unter unwahrscheinlich schwierigen Verhältnissen). Natürlich erlaubt man bei uns nicht, ein Klostergebäude zu errichten, es wächst aber das unsichtbare Gebäude menschlicher Anwesenheit – Menschen aus dem Volk sammeln sich um die großen Starzen, um ihr Leben nach solchen Ikonen Gottes auszurichten. Es ist bekannt, wie sehr so etwas bei uns als Landstreicherei und „Aufenthalt ohne Bescheinigung“ bestraft wird. Und doch habe ich einem Dorf bei Knibyschew und an anderen Orten selbst solche Ansammlungen von betenden Menschen aus dem Volk gesehen, Menschen, die den Wunsch verspürten, zusammenzubleiben, die sich weder vor dem Gefängnis noch vor der psychiatrischen Klinik fürchteten, die erfüllt sind von dem Bewußtsein, daß das Leben auf der Welt schnell zu Ende geht und die deshalb völlig gleichgültig dem gegenüber sind, was mit ihnen in diesem Leben geschieht. In der Umgebung des Starez V. bei Kuibyschew lebten die Menschen damals in schmalen Gräben, sie schliefen im Wald unter Bäumen. Morgens standen wir zur Liturgiefeier auf. Der Starez, der damals schon sehr alt war und einen langen weißen Bart trug, war ganz erfüllt von dem Gebet. Tränen liefen ihm über die Wangen, die Meßfeier dauerte sehr, sehr lange, aber niemand wollte weggehen, – im Gegenteil, nach der Liturgie konnten die Menschen noch eine ganze Stunde lang nicht zu sich kommen, sie schwiegen stehend, keiner wollte sich auf die Erde niedersetzen. Übrigens, gab es dort gar keine „Erde“ – und wenn es eine gab, dann war es eine neue, apokalyptische. Überflüssige Gespräche kamen überhaupt nicht auf – dafür waren die Menschen nicht hierhergefahren, und zu stark war auch die geistige Dichte jenes Ortes. Ich weiß nicht, was jetzt aus diesem Dorf in Rußland geworden ist, das sich in ein geheimes Kloster verwandelt hat, ich weiß auch nicht, ob der große Starez schon zu Gott heimgegangen ist. Aber es gibt ja nicht nur ihn allein auf der Erde. Man darf über den Weg unserer russischen Kirche beruhigt sein.

Auch was die griechische Kirche anlangt, bin ich voller Zuversicht. Solange es Klöster und Starzen gibt, verliert das Salz seine Kraft nicht, und es sind Öllämpchen da, nach denen man sich ausrichten kann, und Ideologien jeglicher Art verschwinden von selbst. In Griechenland greifen die Sozialisten die Kirche an. Es wird debattiert, man organisiert Demonstrationen. In besondere Ungnade ist Athos gefallen. Es wird erzählt, Präsident Papandreou wollte Athos einen Besuch abstatten (er, der sozialistische Politiker gibt er doch vor, orthodox zu sein – wegen der Popularität), aber der Igoumen des Klosters des Heiligen Grigorij lehnt es ab, ihn zu empfangen. „Du bist ein Mörder, für dich gibt es hier keinen Platz. Auch ein byzantinischer Kaiser wurde früher einmal nicht auf diesen Heiligen Berg gelassen. Der mutige Igoumen hat damals zu ihm gesagt: ‚Hier ist kein Platz für einen, der 5000 Menschen getötet hat.' Du aber hast Millionen getötet, weil du das Abtreibungsgesetz unterschrieben hast. Selbst wenn du jetzt Reue darüber empfindest, du kannst dieses Verbrechen doch nicht aufhalten. Hier ist kein Platz für dich."

Nach solchen Konflikten muß man Angst haben um Athos, das Zentrum der ganzen orthodoxen Welt. Unter dem Sozialisten gibt es Tendenzen, den Athos in ein Museum umzuwandeln, da sie nicht die Macht haben, ihn zu schließen. Solange ihnen das nicht gelingt, lebt die Heiligkeit dort noch.

*

Griechische Kirchen auf den Inseln. Wie ein Wunder ist Weißes auf Weißes gebaut, fließt der Himmel in den Stein, und der Stein geht in Himmel über. Wunder des Übergangs von Chaos in Form, von Glätte in Wölbung, von Leere ins Nichts. Die Kirche zeigt sich hier ganz unaufdringlich, ohne jeden Zwang, ohne Prätentionen, die jeder Sache auf der Erde eigen ist: „Denn sie strafen sich wegen ihrer Gottlosigkeit selbst ..." (Anaximander). Das ist die Gegenwelt: Jedes Objekt stört das andere, sucht es zurückzudrängen. Nur das Gotteshaus vereinigt sich mit dem Reich des Lichtes, es läßt der Luft und dem Himmel die Freiheit.

*

Wir sind in Athen. In einem kleinen Museum auf der Akropolis. Eine antike Vase, wie gewebt aus warmen, unfaßbaren Energien. Zartheit, Zerbrechlichkeit. Eine Photographie könnte nichts davon vermitteln. Diese Aura kann man nur unmittelbar fühlen, so wie man die Heiligkeit unmittelbar fühlt. Licht und Heiligkeit haben dieselbe Wurzel. Vater Prophirij (ein berühmter Starez in Athen) hat gesagt, daß er die antiken Götter nicht für Dämonen halte. „Ihre Gesten", so sagte er, „ihre das Maß überschreitenden Bewegungen und Leidenschaften haben pädagogischen Zweck. Damals konnte der Schöpfer – Gott – mit der Menschheit nur in dieser Sprache reden. In ihrem Innern aber sind diese Gottheiten ruhig und friedlich."

Bei Ausgrabungen antiker Überreste konnte er im voraus schon den Ort zeigen, wo Schätze vergraben und wo

Wasser zu finden war. Er fällt auf, dieser Starez Prophirij. Weder nach links noch nach rechts weicht er ab. Gegenwärtig gibt es in Griechenland eher eine Tendenz nach links, nirgends habe ich so viele „Hammer und Sichel" und andere Zeichen der kommunistischen Krankheit gesehen wie in Athen. Aber der Starez gab mir keine Erlaubnis, an einer Fernsehdiskussion mit Marxisten mitzuwirken: „Das wird von selbst schnell verschwinden", sagte er. Die hiesigen Rechten wollten ihn für ihre Zwecke einspannen und begannen sogar, seine Gottesdienste zu besuchen. Er hat daraufhin die Gottesdienstzeiten verschoben. Inzwischen ist er schon ganz gebrechlich, dieser Starez. Seine zahlreichen geistigen Kinder nennen ihn „Papulis" – Großväterchen. Er lebt in einem kleinen Eisenbahnwaggon, nebenan entsteht ein neues Kloster. Die Schüler und geistigen Kinder des Starez, unter denen nicht wenige zur intellektuellen Elite von Athen gehören, opfern ihre freien Tage dafür, um dieses neue Kloster aufzubauen. Ungeachtet seiner Altersschwäche und Gebrechlichkeit empfängt der Starez die Menschen aus dem Volk, er tröstet sie und gibt ihnen neue Kraft. In seinen Augen ist ein Funkeln von Heiterkeit. Sogar jetzt, wo ich diese Zeilen schreibe, ist etwas von diesem Feuer in meinem Herzen. „Man muß im Paradies leben, schon jetzt muß man im Paradies leben", das sind seine Worte.

Tinos, September 1985

Beim Aussteigen aus dem Dampfer fiel mir eine ungewöhnliche Szene auf: Eine Frau rutscht auf ihren bloßen Knien die Straße hinauf. Sie weint dabei. Ihr Weinen ist bitter, es hat nichts Theatralisches. Und ich selbst verspürte plötzlich in mir das Verlangen, in Tränen auszubrechen, den Impuls, niederzuknien. Aber offensichtlich habe ich aufgrund meiner Sünden nicht den Mut dazu. Ich habe in Westeuropa meine Spontaneität verloren. Auch das ein Zeichen der Säkularisation: ‚Vielleicht werde ich es nicht bis dorthin schaffen', schießt es mir durch den Kopf. Immerhin ist die Strecke, die man auf den Knien zurücklegen muß, fast einen halben Kilometer lang. Irgendwie ist das unbequem. Aber wie heißt es doch richtig: „Das Reich Gottes kommt mit Macht zum Vorschein!" Die Griechen sind noch Kinder geblieben, sie haben ihre Weisheit noch nicht verloren, sie glauben an Wunder. Während ich noch über alles dies nachdenke, bin ich schon bei der wundertätigen Ikone; Menschen mit zwei Meter langen Kerzen, die voller Verlangen darauf warten, beeilen sich, die Ikone zu küssen. Eine Frau kriecht auf dem Bauch liegend zur Ikone hin, sie zieht sich nur mit den Händen nach vorn. Zuerst dachte ich, sie sei invalid? Aber bei der Ikone angekommen, stand die Frau schnell auf und bekreuzigte sich ganz inbrünstig.

Die Decke in der Kirche ist barock wie irgendwo in einer Kirche in den Alpen. Aber ein anderer Himmel – der östliche – überdeckt diese barock-türkisfarbene Bläue. Dicht gedrängt hängen Öllämpchen aus Metall, und an diese sind Geschenke festgebunden: kleine Schiffe,

Köpfe, Kinder in Wiegen, Fische – flache metallene Täfelchen. Das kalte Blau des aufgeklärten Europa wird überdeckt von dem märchenhaften, nach östlichem Weihrauch duftenden, orthodoxen Griechenland. Unter strahlend glänzenden Juwelen ist die Ikone „Mariä Verkündigung" verborgen. Ich war oft in dieser Kirche und habe um ganz verschiedene Dinge gebetet. Aber meistens habe ich mich auch meiner Bitten geschämt: Habe ich denn nicht alles? Und vieles von alldem habe ich nicht aufgrund meiner eigenen Verdienste. Das einzig Wahre ist doch, daß meine Reue schwach ist, es ist keine echte Reue, und vieles von mir sehe ich auch gar nicht. Ohne geistigen Vater ist es schwer, sich zu einem ganzen Menschen „aufzubauen". Ich habe die Allheilige Herrscherin darum gebeten, mich auch weiterhin nicht zu verlassen und mir auch künftig Heiterkeit zu senden, mein Herz durch die Reue demütig zu machen. Unaufhörlich sucht der russische Mensch das Glück. So auch ich. Ich fühle, daß Griechenland ein mir verwandtes Land ist. Die griechisch-orthodoxe Kirche ist die Mutter unserer russischen Orthodoxie. Und diese steckt mir im Blut, in den Instinkten, in den Tiefen des Unterbewußtseins. In Griechenland gibt es denselben Maximalismus, dieselbe verborgene Weisheit und die gleiche offen gezeigte Verrücktheit wie bei uns. Das bedrükkende Computerzeitalter und die Gekünsteltheit des nordeuropäischen Lebens gibt es noch nicht. Hier brauche ich mich nicht nur zusammenzukauern und zu arbeiten, hier kann ich auch leben. Ja, dieses Volk hat die Lebenskultur noch nicht verloren. In Frankreich, Deutschland, der Schweiz und England steht die Zivilisation in Blüte. Aber eine Kultur gibt es dort schon fast nicht mehr. Die Menschen haben gelernt, Zeitungen zu lesen, Bankformulare auszufüllen – das sind auch schon fast alle „Früchte der Aufklärung". Dafür ist die zitternde Reinheit des Lebens verlorengegangen, das Glück des Erkennens. Was meine ich damit? In Rußland ist das schwer zu begreifen. Dort, bei uns, haben trotz allem der Computer und die Bank den Menschen noch nicht besiegt. Ich will das an einem Beispiel erklären. Das Telefon läutet. Du nimmst den Hörer ab, weißt noch nicht, wer mit dir spricht, erkennst die Stimme nicht. Aber du antwortest höflich, freundlich. Und dann, nach ein paar Sekunden verstehst du, das ist ja Natascha oder das ist ja Nikolaj! Und alles verändert sich. Die konkrete, geliebte Person entsteht vor deinen Augen, deine Stimme fängt an zu klingen, zu singen, zu spielen. So ist es auch mit dem Erkennen. Im Erkennen wird das Abstrakte plötzlich konkret, das Anonyme kehrt sich ins Personhafte. Meine Erfahrung im Westen ist aber die: Da kann man jahrelang mit einem Menschen bekannt sein, man kann im Umgang mit ihm lieb und freundlich sein, aber man bringt es nicht fertig, ihn zu erkennen! Weil er das nicht will (es vielleicht auch nicht kann) und du auch nicht. Im Westen ist alles allzugut organisiert und zu perfekt gestaltet, als daß da noch ein Spalt bliebe für die *Person*. Alle beeilen sich, zu arbeiten, zu produzieren. Es gibt ganz wenige, die fähig sind, einfach zu *leben*.

Deshalb ist im westlichen Leben das Schrecklichste die Einsamkeit. Allein zu sein ist eine echte Tragödie, wir dort in der Sowjetunion können uns nicht einmal vorstellen, was das bedeutet. Man sagt, es gebe Gesellschaften, die den Menschen verschlingen, und solche, die ihn ausspucken. Das Mittelalter zum Beispiel hat den Menschen verschlungen. Auch im guten Sinne des Wortes – damals gab es praktisch keine Atheisten, die Menschen fügten sich ein in den harmonisch geschlossenen Kosmos mit seinen untereinander koordinierten

Hierarchien. Die Sowjetgesellschaft repräsentiert für mich das neue Mittelalter. Sie verschlingt den Menschen im schlechten Sinne des Wortes – Ideologie, Staat, Gulag. Die westliche Gesellschaft ist heute sicher nicht so ideologisiert wie die sowjetische. Aber sie hat ihre eigenen Methoden, sich des Menschen zu entledigen. Man stößt ihn hier unmerklich hinaus, man lädt ihn erst gar nicht ein. Unter einem Mantel des Schweigens wird er entfernt, und er kann nichts dagegen machen, es gibt nicht einmal jemanden, bei dem er sich beklagen könnte. Auch deshalb ist die Arbeitslosigkeit so schrecklich. Es ist nicht nur das fehlende Geld: Der Mensch ist aus der Gesellschaft herausgefallen, er ist allein. Und Bindungen nicht formeller Art, die bei uns in Rußland so entwickelt sind, gibt es hier im Westen fast nicht mehr.

30. 11. 1985

Heute ist ein Tag vor einem Gewitter. Die Wolken über Tinos sind milchfarben, sie verschwimmen ganz mit den weißen Mauern des Klosters, so daß nur die für das Auge kaum wahrnehmbaren Konturen der Gebäude uns zu verstehen geben, daß wir nicht ganz im Himmel sind.

Zur Zeit fühle ich mich wohl. Aber stimmt das? Ich vertraue mir schon selbst nicht mehr. So schlecht kenne ich mich. Damals, zum Beispiel, als man mich aus Rußland vertrieben hatte, fühlte ich mich auch in Wien wohl: Sowohl die Schönheit entzückte mich als auch der Überfluß von allem und das Fehlen von Schlange stehenden Menschen und die Bücher, die zu finden ich selbst in Rußland mir nicht träumen ließ. Damals standen wir „russischen Feministinnen“ im Zentrum der Aufmerksamkeit. Ich habe erst mit der Zeit verstanden, daß man nicht mir, sondern irgendeinem Symbol Beifall klatschte, und dennoch war es ein neues, angenehmes Gefühl – von der Welt angenommen zu sein. Und erst jetzt nach weiteren sechs Jahren verstehe ich, daß ich mich schlecht fühlte. Es war alles nicht meine Art. Es war gut, interessant, aber ich brauchte es nicht. Es war sogar störend, verlogen. Und so ist es auch immer: mein Wunsch, zu lieben, zu schaffen, zu dienen, ist allzu groß. In meiner Hast steckt viel Überheblichkeit, daher rührt auch meine Dummheit. Der Wille erschlägt alle übrigen Fähigkeiten meiner Seele. Wie sehr fehlt mir ein geistiger Vater, der Gehorsam ihm gegenüber beruhigte mich und nähme die überflüssigen Energien weg. Wie sehr fehlt mir ein geistiger Vater, der mein Herz sieht und der versteht, „was das Meine ist und was nicht das Meine ist ...“

*

Außer dem Kirchgang und dem Lesen beschäftigte ich mich noch mit etwas anderem: ich füttere Katzen. In Griechenland und in der Türkei, wie in allen armen Ländern, schenkt man Tieren keine besondere Aufmerksamkeit. Sie aber, mager und scheu, rufen beständig mein Mitgefühl hervor. Das kann bis ins Krankhafte gehen. Als Emigrantin solidarisiere ich mich noch mehr mit den Katzen, mit ihrer schweigsamen Welt: „So schweigsam und gut ist die dunkle Tierseele“ (Mandelstam).

In Nordeuropa ist diese Frage nach den Tieren irgendwie gestellt worden, es wird etwas für den Tierschutz getan, aber hier ... Auch bei uns in Rußland hält man sie aus irgendeinem Grund nicht einmal für lebendige Wesen. Der Mensch trägt viel Unaufgeklärtes, Grausames in sich. Und es ist seltsam zu sehen, daß diese ja durchaus positive Aufmerksamkeit in Nordeuropa einhergeht mit dem Verlust der Geistigkeit, mit religiöser Gleichgültigkeit. Während es auch gerade umgekehrt sein könnte: Gerade die Heiligkeit vereinigt ja in sich geistige Kraft und ein „liebendes Herz", das sich um jedes Geschöpf kümmert. So sind auch in Griechenland die Starzen nicht fähig, irgendein Lebewesen zu benachteiligen. Vater Amphilochij fütterte die Vögel, gleich Franz von Assisi, aus seiner Hand. Überhaupt sind die Starzen Kinder des Paradieses, im Paradies aber „liegt der Wolf neben dem Lamm", und jedes Geschöpf dient freiwillig dem Menschen.

Der Materialismus jagt den Menschen in Griechenland noch einen Schrecken ein. In den letzten Jahrzehnten ist das Lebensniveau gestiegen, während es jetzt wieder absinkt. Dieser Materialismus ist eine echte Versuchung. Ich glaube, daß es in Deutschland, in der Schweiz und den USA nicht so ist. Dort gibt es den Materialismus nicht einmal. Das mag im Blick auf so reiche Länder paradox klingen. Ich habe mehr als einmal gesagt: In der Sowjetunion gibt es den theoretischen Materialismus, bei euch den praktischen. Aber jetzt denke ich, daß diese westliche Gesellschaft, vielleicht nicht ganz präzise, besser als „Konsumgesellschaft" zu beschreiben ist.

Wir sehen in dieser Konsumgesellschaft etwas Entgegengesetztes: Die Dinge um uns herum verlieren ihre symbolische Aura, sie hören auf, unserem Herzen teuer zu sein. Wenn man seine Möbel alle zwei Jahre ändert und seine Kleidung jeden Monat, gewöhnt man sich nicht an die Dinge, findet man keine Freude an ihnen, sie treten nicht ins Bewußtsein ein, auch nicht in die Geschichte. Der Tauschhandel existiert als reine Fiktion:

Geld-Ware-Geld, reine Fiktion ist auch die Entfremdung. Nicht die Entfremdung, sondern der Terror ist das Zeichen der Zeit. Das Ephemere des menschlichen Lebens, wo sogar das Objekt seinen Wert verloren hat, wo alles durchsichtig, unwirklich geworden ist – dieses Ephemere bringt Angst hervor. Die Leere wird ausgefüllt mit der Suche nach Sicherheit. Die Freiheit wird endgültig unerträglich.

So ist es aber in Griechenland nicht. Hier kennt man noch den Wert des Lebens, den Wert der Freude. Hier ist der Körper noch nicht kraftlos, er erhebt sich wider den Geist, er macht Eindruck, und er verlockt. Ähnlich wie in Rußland. Sicher, unsere leidenschaftliche, ungestüme und feurige Umgebung hat dort von uns eher Ruhe, Gleichmut und Schweigen verlangt. In Europa ist es umgekehrt: wenn ich vor westlichen Christen spreche, bin ich oft selbst gezwungen, „lebhaft", expressiv und stark zu sein. Weil in Europa nicht unser *Radschas* (Leidenschaft, Energie, Eigenwille) herrscht, sondern *Tamas* (Tod, Entropie, das Fehlen von Kräften). Hier muß man, um ein Gespräch über den Geist in Gang zu setzen, erst einmal Interesse hervorrufen, vom Schlaf aufwecken, „das Wohlbefinden sprengen". Es ist allzu einfach, von der Liebe, der Demut und der gegenseitigen Hilfe zu sprechen – diese Worte sind so abgenutzt, daß man geradezu in sumpfiges Gelände fällt, ohne das, was sie im innersten meinen, auch nur im geringsten angerührt zu haben, ohne auch nur eine Luftblase hervorgebracht zu haben.

*

In der Nacht kehre ich nach Athen zurück. Ich bin aufs Deck hinaufgegangen. Das schwarze Meer verschmilzt mit dem schwarzen Himmel. Gleichgültiger, unendlicher, dunkler Nebel. Da kommt mir der Gedanke: Was dann, wenn du in dieser Einöde allein bleibst?

Mir wurde es so unheimlich, daß ich von der Reling wegging. Aber die Asketen wählen bewußt gerade solche Situationen aus, um Gott näher zu sein. Und plötzlich war meine Angst über mich selbst hinausgewachsen. Für eine Sekunde kam mir der Gedanke, daß ich mich mit Gottes Gnade nicht gefürchtet hätte, mich in die Gewalt dieser dunklen Elemente zu geben, weil die Unendlichkeit der Liebe größer ist als die Grenzenlosigkeit der Welt (Pascal). Meine Seele war sofort wieder voll Freude, wie immer, wenn sie einen Augenblick der Befreiung erlebt. Unser Dampfer aber hieß „Panagia" – Allheilige, Mutter Gottes.

Mostar, Oktober 1985

Auf meinem Weg nach Medjugorje habe ich in der kleinen und altertümlichen, einst moslemischen Stadt Mostar halt gemacht. Unter mir fließt ein grünlich schimmerndes Flüßchen schnell dahin, ich kann im Wasser glatte, von der Zeit abgeschliffene Steine erkennen. Die ganze Landschaft überragen drei oder vier Türme eines Minaretts. Sie stechen aus der naturgegebenen Einheit hervor, bohren sich in den Himmel hinein und geben allem einen tragischen Akzent.

Ich denke: Um was soll ich die Allheilige Gottesgebärerin bitten? Daß ich nach Rußland zurückkehren kann? Aber ist das demütig? Ich will das wohl, aber ob Gott das auch will? Ein Abba der christlichen Frühzeit hat einmal zu einem Mönch gesagt, der in der Verbannung lebte: „Bis jetzt war Gott dein Begleiter, wenn du aber zurückkehrst, wird er nicht mit dir sein."

Ich werde darum bitten, daß Gott mich meine noch nicht bereuten Sünden erkennen läßt, daß er mich das bereuen läßt, was ich bis jetzt noch nicht bereut habe. Das wichtigste ist, ein reines Herz zu haben, aber in meinem ist so viel Betrübnis, so viel Verworrenes, sind so viele Ängste.

Medjugorje

Heute sind Anniza, die mich begleitet, und ich im Dorf angekommen, wo schon über vier Jahre die Allheilige Herrscherin jeden Tag Kindern erscheint.

Vor der Kirche zeigt sich uns das gleiche Bild, das ich

nur in Rußland gesehen habe: Frauen beten auf Knien, bevor sie das Gotteshaus betreten. Ihre Gesichter drükken Ergriffenheit aus, es sind Gesichter, vom Leid gekennzeichnet, Gesichter, die ganz gesammelt sind im Gebet. In der Kirche sind Menschen voller Andacht, sie beten den Rosenkranz, umkreisen die Muttergottesstatue auf Knien. Bis auf den heutigen Tag sehe ich unsere alten Frauen, weil man Frauen wie sie, die Einfältigen und Schwachen dieser Welt, fast nicht in den europäischen, „bourgeoisen" Kirchen antrifft.

Noch eine Freude – lange Reihen von Menschen, die zur Beichte anstehen. Priester haben mir gesagt, daß hier nicht selten Leute beichten, die 30–40 Jahre lang nicht mehr gebeichtet haben. Dort, wo Gott spricht, öffnet sich auch der Mensch, dort verspürt der Mensch den Wunsch, die ganze Wahrheit über sich zu sagen, sich ganz umzugestalten und zu erneuern, sich wieder mit Gott zu verbinden. Gebeichtet wird sowohl in der Kirche als auch auf der Straße, unter offenem Himmel. Viele Italiener, Deutsche und Österreicher sind hier – auch Iren sind da (sie sind ganz besonders fromm), Portugiesen, Amerikaner, Kroaten – es ist unmöglich, alle aufzuzählen. Und was gut ist – es gibt keinen Touristenrummel. Hier sehe ich keine neugierigen oder gelangweilten Gesichter, die man sonst an allen berühmten Wallfahrtsstätten antreffen kann. Die Leute lesen das Evangelium, sie beten in kleinen Gruppen, in vielen Sprachen erklingt das Lied: „Gottesgebärerin, Jungfrau, freue dich ..." Hier gibt es keinen Handel mit Souvenirs, keine Hotels, überhaupt keine Geschäftemacherei mit Touristen. Das ist auch ein Verdienst der jugoslawischen Regierung, die, wenn sie jetzt auch nicht offen alle die verfolgt, die mit den Erscheinungen in Medjugorje im Zusammenhang stehen, so doch auch nicht erlaubt, daß sich dort etwas entfaltet. In einem kleinen Häuschen leben auf engem Raum einige Nonnen und Priester, sie bedienen jeden Tag Hunderte und Tausende von Wallfahrern aus der ganzen Welt. Eine Analogie mit Rußland drängt sich auf – auch dort sind die Priester über alle Maßen ausgelastet, aber es kommen immer mehr Leute. Es gibt viele Analogien: Obwohl nach Medjugorje auch Christen kommen, die ein schon völlig entwickeltes Erkenntnisvermögen haben, reife und mit der Lehre des Evangeliums vertraute Christen, fängt Vater Slavko dennoch an, sie ganz von Anfang an zu unterweisen. Er spricht davon, was Fasten ist (im Westen ist das ja verlorengegangen), er erklärt, daß Fasten nicht nur heißt, auf Fernsehen zu verzichten und das Rauchen aufzugeben, daß es etwas ganz anderes sei. Er spricht auch vom Gebet und davon, wie man sich auf die Meßfeier vorbereiten müsse – kurz: von elementaren, aber in Vergessenheit geratenen Dingen.

Im Westen und im Osten wird das Christentum wiederentdeckt, und das geht vielleicht im Westen mit noch größeren Schwierigkeiten vor sich als bei uns, weil die Menschen, die von Kindheit an gleichsam in der christlichen Tradition leben, der festen Überzeugung sind, daß sie schon alles vom Glauben wissen.

*

Und so geht in einem ganz gewöhnlichen, mit Schränken, Sofas und Tischen vollgestopften Zimmer [zwei Priester leben zusammen darin] das Geschehen vor sich. Anniza und ich kamen um 18.30 Uhr, wir erblickten im Zimmer noch einige Menschen, hauptsächlich Kranke oder Leute mit kranken Kindern. Es waren Italiener und Amerikaner, sie beteten den Rosenkranz. Bald kamen die „Kinder" Maria und Jakob. Übrigens sind sie fast schon Erwachsene. Leise beteten wir den Rosenkranz zusammen mit ihnen. Gegen 19 Uhr traten die Kinder an das Sofa heran, über dem ein Bücherregal angebracht war, von dem ein großer Rosenkranz herabhing. Bald darauf fielen sie auf die Knie nieder, wobei sie ihre Augen nach oben gerichtet hielten, kaum hörbar sagten sie etwas – die „Gospa" war gekommen, die Gesichter der Kinder leuchteten auf wunderbare Weise auf. – Hier muß ich hinzufügen, daß ich außer dieser ersten Sekunde nicht länger auf die Gesichter der Kinder schauen konnte, obwohl ich mich ihnen gerade gegenüber befand. Wie kann man in solchen Augenblicken auf einen Menschen schauen, wie kann man auch nur ein ganz klein wenig neugierig sein? Die Himmlische Herrscherin selbst hat dieses mit allem möglichen vollgestopfte Zimmer besucht, ich konnte nur mit gesenktem Kopf auf dem Boden knien. Ein Gebet? Sogar das war schwer, es brach nur aus mir heraus: „Allheilige Gottesgebärerin, rette uns!" Dann, nachdem alles vorüber war, betrachtete ich das Gesicht des Mädchens genau – es war ein ganz erwachsenes Gesicht, ernsthaft, schüchtern und doch gleichzeitig mit einem Ausdruck von Kraft. Jakob hingegen war noch ein Kind, lebhaft und unbefangen.

Bis zu diesen Erscheinungen waren sowohl die Kinder als auch das Dorf ganz gewöhnlich gewesen. „Es ist wie vor Ostern und nach Ostern", sagt Vater Tomislav. Jetzt gehen alle Bauern jeden Tag in die Kirche, Dörfer, die miteinander verfeindet waren, haben sich ausgesöhnt. Obwohl es für die Dorfbewohner schwierig ist, solche Mengen von Pilgern aufzunehmen, tun sie es doch mit sichtlicher Freude.

In der katholischen Kirche werden Wunder gewöhnlich „einer wissenschaftlichen Prüfung unterzogen", und dann wird ihre Echtheit verkündet. Ich aber glaube diesen Kindern und Kindern überhaupt –, mehr als der Wissenschaft.

Eines der Mädchen, Elena, sieht die Mutter Gottes nicht mit den anderen zusammen, aber es erhält besondere Offenbarungen. Einige davon sind so tief, daß sie schon von sich aus Zeugnis ablegen von ihrer göttlichen Herkunft. Elena sieht eine große, leuchtende Perle. Diese bricht plötzlich auseinander und zersplittert in ganz kleine Teile, jedes Teilchen verliert allmählich seinen Glanz. Die Mutter Gottes erklärt: Das ist die menschliche Seele. Wenn sie Gott ganz ergeben ist, so strahlt von ihr ein Licht aus, wenn sie es aber nicht ist, dann verschwindet das Leuchten. Einmal fragte Elena die Mutter Gottes, warum es gut sei, schön zu sein. „Weil das Gesicht eines liebenden Menschen schön ist“, war die Antwort. Olivier Clément hat mir einmal gesagt: „Für die katholische Tradition sind Erscheinungen natürlich.“ – „Und für uns?“ fragte ich. „Die Orthodoxen haben dafür die Ikonen“, war seine Antwort.

Anniza und ich versuchten heute im Restaurant des Dorfes zu Mittag zu essen. Zu unserer großen Überraschung war um die Mittagszeit dort kein einziger Mensch. Da fiel uns ein: Heute ist Freitag. Schon allein das ist ein Wunder, ich sehe Europäer, die fasten.

*

Ich lese, was die Mutter Gottes den Kindern in den letzten Tagen gesagt hat. Ganz einfache, aber leider in Vergessenheit geratene Dinge: Betet ohne Unterlaß, fastet, „öffnet eure Herzen dem Heiligen Geist“! Macht das Kreuz zum Zentrum eures Lebens!

Ihre Worte bringen uns gleichsam zurück zur vergessenen Tradition der „unteilbaren“ Kirche, und gleichzeitig klingen diese ihre Botschaften auch sehr modern.

„Liebe Kinder! Heute lade ich euch ein, in euren Häusern alle Dinge zu segnen, und jeder von euch soll etwas Geweihtes an sich tragen. Segnet alle Gegenstände, und der Satan wird sich ihnen nicht so leicht nähern, da ihr ja von einem Schutzschild umgeben sein werdet".

In unserer Zeit sind die Sachen faszinierend, sie üben eine Macht aus, sie versklaven die Seelen. Andererseits aber sind sie gleichsam leer, sie haben ihre „Aura" verloren, sind ohne Geheimnis. Die Welt um uns herum ist erstarrt, sie hat ihr Salz verloren. Nur von Gott kann das Leuchten der Sonne, der Seelen und der Dinge ausgehen; von ihm kommen das Licht der Sterne und die Wärme der Dinge. Wir müssen Gott nicht nur unser Herz und unseren Verstand zurückgeben, sondern auch unseren Körper und die ganze Welt um uns herum.

Der Aufruf zu fasten ist auch ein Aufruf, den Körper zu heiligen.

Paris, 15. 1. 86

Das größte Problem in der Emigration ist die fehlende Verbindung zu anderen Menschen. Wie sehr habe ich geschätzt, was Gott mir in Leningrad an Leiden geschickt hat! Wie viele Freunde hatte ich dort gerade in den schlimmsten Zeiten, wie zärtlich und schöpferisch waren diese Freundschaften.

Jetzt habe ich Tausende von „äußeren" Freunden, aber innere Freunde, echte Freunde kann ich an den Fingern abzählen. Das gleiche sagt jeder russische Emigrant, aber nicht nur er. Viele Nichtemigranten, Menschen, die nicht aus ihrer Geschichte und der europäischen Kultur herausgerissen worden sind, machen die gleiche Erfahrung.

Und dennoch ist Paris für mich gut, nicht nur wegen seiner Häuser, die wie schwimmende Schiffe aussehen, und wegen seiner zitternden Luft. Paris ist eine Stadt ohne Grenzen, und genau deshalb für mich so faszinierend. Es ist eine Weltstadt im alten Sinne. Ich habe zwar nichts gegen Provinz. Aber sehr viel gegen Provinzialität im geistigen Sinn. Paris ist eine Weltstadt auch im Sinn der Wahrhaftigkeit, des nicht Verlogenen. Man schämt sich hier nicht, sich so zu benehmen, wie man sich benimmt, sich so zu kleiden, wie man sich kleidet, so zu sprechen, wie man spricht. Alles, was an Konventionen unwichtig ist und relativ sein sollte, das ist hier auch relativ. Es ist immerhin eine Art von Freiheit, auch wenn sie nicht weit reicht und auch nicht sehr tief geht. Und in diesem Paris gibt es wesentlich weniger praktizierende Katholiken, als es in Moskau praktizierende Christen gibt. Paris ist die am meisten säkularisierte Stadt Europas. Und trotzdem: Es gibt viele Intellektuelle, die an der Grenze stehen, die davon überzeugt sind, daß die Aufklärungskultur in eine Sackgasse gekommen ist, daß wir eine neue Orientierung brauchen. Paris ist auch eine Stadt, in der die Banalität nicht den gleichen Platz hat wie an anderen Orten. Es gibt viele Menschen hier, die leiden. Es gibt viele Clochards, viele sehr arme Menschen, viele Einsame, viele, die einfach daran leiden, daß die Welt so ist, wie sie ist. Es ist ein metaphysisches Leiden. Was ich in meiner Umgebung nicht ertragen könnte, das ist satte Selbstzufriedenheit. Ich kann diese beschränkte und begrenzte Plattheit des Gefühls nicht aushalten, die ich manchmal in Europa, besonders auch in Deutschland, finde, bei Menschen, die sich Christen nennen und nur selbstzufrieden sind. Ich fühle mich hingezogen zu den Leidenden, zu denen, die offen und aufgeschlossen sind. Es sind dies auch „leichte" Menschen ohne metaphysische Plumpheit und Schwere. Gott liebt sie, weil sie leicht sind. Leicht, das heißt, daß sie sich selbst nicht so ernst nehmen, sich selbst nicht ins Zentrum rücken. Sie haben kein Geld, kein Haus, nichts, manchmal sterben sie vor Kälte und vor Hunger. Und doch haben sie eine Leichtigkeit des Bewußtseins, die sie vor allen anderen auszeichnet, die sich so viel auf ihr Wissen und ihren Besitz einbilden. Sie sind Gott nahe, weil sie wahrhaftig sind und nicht heucheln. Auch sie sind Menschen, die den Geist von Paris ausmachen.

„Die älteste Tochter der Kirche" sei Frankreich, hat Johannes Paul II. gesagt, als er hier war, und er hat gefragt: „Was hast du mit deinen Gelübden gemacht?"

Der Papst hat nur einen einzigen Priester geweiht, als er hier war.

*

Und doch leben wirkliche Christen hier, Menschen, die Licht ausstrahlen. Hier lebt etwa Olivier Clément. Und wenn ich denke, daß ich mich mit ihm treffen, mit ihm sprechen kann, dann setzt sich gleichsam auch meine Geschichte fort, und mein Leben schreibt sich gleichsam in die Biographie dieser Stadt ein. Unsere Gespräche über das Christentum und die moderne Zeit bringen mir großen Trost. Wir nehmen sie für das orthodoxe Radio auf. Diese Rundfunkarbeit wird von überzeugten Christen gemacht, sie hängt weder von amerikanischem Geld ab noch ist sie an irgendwelche politische Bedingungen oder Absichten geknüpft. Schon das begeistert mich. Und vielleicht werden unsere Freunde in Rußland diese Dialoge bald hören und verstehen. Was für ein Glück es ist, solch einen Gesprächspartner wie Olivier Clément zu haben: „Wir sind das Gespräch" (Hölderlin). Olivier Clément ist ein Genie im Verstehen. Sartre hat mit Entsetzen gesagt: „Die anderen – das ist die Hölle, weil sie das Geheimnis dessen kennen, was ‚ich' bin." Nur Gott fügt uns mit seinem Wissen keine Verletzung zu. Ebensowenig wie der Beichtvater. Und auch keiner dessen Liebe das Wissen übersteigt. Es gibt keine Probleme, wenn man Olivier widerspricht. Aber sehr oft widerspreche ich gar nicht, sondern denke bei mir: Hier bin ich wahrscheinlich nicht im Recht, ich werde abwarten, meine Ansichten können sich ändern. Wahrscheinlich wird Gott mich eines Tages verstehen lassen, was mir jetzt noch nicht zugänglich ist.

Clément und ich sind uns ganz und gar nicht ähnlich: Er ist Franzose, ein Mann der Form, der Harmonie. Ich aber bin eine Maximalistin mit einem Hang zur Eschatologie und zum Anarchismus. Aber wir beide sind offen für das Wunder, für die Poesie und die Schönheit. Wir beide lieben es, das Christentum mit der Gegenwart zu verbinden, und spüren, daß schöpferisches Tun wichtig ist.

*

Ein anderer Christ, den ich schätze, ist Michel Pinton, ein bekannter Mann in Frankreich. Er war Generalsekretär der UDF, also eine einflußreiche Persönlichkeit im öffentlich-politischen Leben. Heute ist er über fünfzig. Er hat gesehen, daß die Politik zur Banalität verkommt, daß alle Parteien dasselbe sagen, daß alle dasselbe versprechen, daß alle dieselben Lügen verwenden. Er hat das öffentlich ausgesprochen, als er noch an der Spitze der Partei stand. Als auch das nichts fruchtete, hat er die Konsequenz gezogen. Er lebt jetzt als einfacher Privatmann, versucht ein guter Katholik zu sein, tut viel Gutes. Für die russischen Emigranten ist er wie ein Schutzengel. Früher war er ein strammer Antikommunist. Er hat inzwischen viele Russen kennengelernt, nicht nur uns von der Emigration, sondern auch Schriftsteller, Maler etc. Er hat gelernt, von der Erfahrung und nicht von der Ideologie auszugehen. Dieses Gefühl der Ganzheit, dieses sich Einlassen auf die Wirklichkeit der Menschen, wie sie sind, hat ihn zu einem Weisen gemacht. Er hat die Menschen liebengelernt und ist so für uns zum Vorbild geworden. Man trifft sich bei ihm zu Gesprächen, die wirklich offen sind und die Neues bringen, auch neue christliche Perspektiven. Oft sind mehr als zwanzig Leute um seinen Tisch versammelt, aus allen Nationen und Schichten. Er ist ein Mann, der vor keiner menschlichen Erfahrung und keiner Wahrheit Angst hat. Wenn solche Menschen zusammenkommen, kann eine Atmosphäre der Liebe, des Gesprächs, der schöpferischen Offenbarung gelingen. Nur in dieser Atmosphäre entwikkelt sich das Christentum weiter. Gerade weil hier in dieser säkularisierten Stadt Paris alles verlorengegangen ist, kann etwas Neues entstehen.

1.4.86

Hier im Westen habe ich Menschen getroffen, die die Kühnheit der Liebe, die Unbändigkeit der Freude und die Fülle der Kirchlichkeit in sich tragen.

Heute ist einer der für mich seltenen Tage. Vater René ist gekommen; mit seiner Ankunft erhellt er unsere bescheidene Wohnung. Wie die Sonne strahlt sein Gesicht. Alles um ihn herum wird lebendig, die Menschen treten ein in das Strahlenfeld seiner Wärme und fühlen sich geborgen wie an Christi Brust. Er ist gekommen, um uns Möbel zu kaufen. In der Nähe von Paris gibt es Lagerräume mit billigen alten Möbeln.

Vater René hat uns seine Zweizimmerwohnung überlassen. Vater René lebte eigentlich ganz für die Dritte Welt. Er war ursprünglich nach Haiti gegangen, um zu predigen. Aber er brachte nichts mehr über die Lippen, als er die Not und den Hunger der Menschen dort sah. Er hat eingesehen, daß er kein Wort vom Evangelium sagen kann, wenn er selber keinen Hunger hat und seine Mitmenschen verhungern. Er hörte auf zu sprechen und fing an, etwas zu *tun*.

Er hat uns die Wohnung zur Verfügung gestellt, obwohl wir nicht so arm sind wie die Menschen in der Dritten Welt. Er aber sagte: Ich habe in meinem Leben alles für die Dritte Welt getan. Jetzt sehe ich, daß auch in der Zweiten Welt Not herrscht, geistige Not. Für die Arbeit im Blick auf Rußland, für eine kleine Druckerei schenkte er uns diese Wohnung. Auch das ist eine Grenze, die überwunden ist. Er war, als er von Haiti zurückkam, marxistisch oder zumindest sozialkritisch orientiert. Als er aber sah, daß auch die Zweite Welt leidet, hat er aufgehört, nur über die Dritte Welt zu sprechen. Und er hat etwas für die Zweite Welt *getan*. Auch das ist in Paris geschehen.

Der heilige Mensch ist der, der den anderen besser sieht, als er sich selber sieht. Der heilige Mensch ist der, der nur an den anderen denkt. Selbstverständlich hatten wir von ihm überhaupt nichts erwartet, wir hatten nur miteinander gesprochen. Und plötzlich sagte er: „Ich gebe alles für Sie."

Jetzt läßt er es sich also nicht nehmen, uns auch noch Möbel zu kaufen. Zusammen mit ihm sind seine geistigen Kinder gekommen: André und Nicole, beide ungewöhnliche Menschen. André ist ein ehemaliger Krimineller; er saß 17 Jahre lang im Gefängnis, dort kam er auch zu Gott: als er zufällig (auf der Toilette) das Evangelium fand und von den zwei Räubern las. In seinem Haus herrscht eine ganz „bürgerliche" Atmosphäre, es gibt viel „Kitsch", Möbel, die den Anspruch auf Luxus erheben, süßliche religiöse Bilder. Das war aber wohl auch das erste Haus in Frankreich, wo ich die Existenz des „Volkes" fühlte. Das „Volk", das sind genau solche Menschen, äußerlich vielleicht nicht sehr kultiviert, aber stark und treu innerlich; es sind die Menschen, die oft auch die russischen Priester umgeben. Es ist das Milieu in der Nähe der russischen Kirche. Menschen, die dem Priester und der Kirche mit ihrer ganzen Liebe ergeben sind wie Kinder, die sich weggeben an die Liebe. Sie kennen den Wert des Lebens. Sie sind Realisten im besten Sinne des Wortes.

Auch zwei andere Christen, die mit ihm kamen, Michel und Anne-Marie, sind so, beide sehr stark und standfest, sie rechnen nicht und vertrauen Gott ganz. Sie haben nichts Kleinliches an sich, Kühnheit steckt in ihnen, die Menschen wie auch die Situation sehen sie ganz klar: Menschen, die um sich herum ein Kraftfeld der Liebe schaffen ...

Im Lagerraum für alte Möbelstücke wählten wir uns schnell das Allernotwendigste aus. Aber André war nicht zufrieden: „Sie genieren sich, Sie entschließen sich nicht, das zu nehmen, was Ihnen gefällt" – und so kaufte er uns unvorstellbare Dinge: irgendwelche Kleiderständer mit Spiegeln, ein Bett mit phantastischen Verzierungen. Es war rührend, seine Sorgfalt zu sehen, seinen Wunsch, das Leben des Nächsten zu regeln, ohne die kleinste Sache zu vergessen. Diese „Kleinigkeiten" sind wahrscheinlich auch deshalb so wichtig, weil durch sie und in ihnen die Liebe zum Ausdruck kommt, die Liebe, die keine Abstraktionen, keine Verallgemeinerungen und Schemata duldet, die Liebe, die immer jedes Maß übersteigt und deshalb oft lächerlich wirkt.

Man kann leicht sehen, wie gute Taten eine heilige Persönlichkeit schaffen (wenn es so ist – dann sind die Werke nicht für sich selbst da und auch nicht für eine Partei, sondern für Gott). Schön und das Innere tief bewegend ist auch Abbé Pierre, der Tausende von Menschen in Frankreich vor dem Tod durch Hunger und Kälte gerettet hat. Auch die Brüder Jacquard legen durch den strahlenden Glanz ihrer Gesichter Zeugnis ab von einer höheren Realität, von Gott. In ihren Gesichtern kann man die Worte des Evangeliums lesen: „So soll euer Licht vor den Menschen leuchten, damit sie eure guten Werke sehen und euren Vater im Himmel preisen" (Mt 5, 16). Die beiden Brüder Jacquard sind Priester. Sie haben ein Gesicht, das eine Unendlichkeit eröffnet. Sie sind zwar schon über siebzig, aber sie scheinen so jung zu sein, daß sie kein Alter haben. Sartre hat gesagt:

Das Gesicht des anderen kann mich töten. Der Blick des anderen kann töten, weil er mich objektiviert. Das Gesicht des Heiligen tötet nicht nur nicht, es bringt im Gegenteil sogar das Leben. Es bringt mich zum Leben, weil es ungeschützt ist. In dieser Ungeschütztheit liegt zugleich seine Kraft. Ein solches Gesicht ist eine Ikone, ein Evangelium Gottes. Die heiligen Väter haben gesagt: Bei den Heiligen ist der ganze Körper ein Gesicht, und das ganze Gesicht sind die Augen. Ebenso bei der Ikone: das sind Gottes Augen. Bei Pavel Florenskij finden wir einen Gedanken über die „umgekehrte Perspektive"; umgekehrt deswegen, weil nicht *wir* sehen, sondern weil Gott *uns* sieht. Was in der Ikone zum Ausdruck kommt, ist der Standpunkt Gottes, nicht der des Menschen. Aus dem Gesicht des Heiligen schaut uns Gott an. Deswegen sind wir nicht objektiviert oder unterdrückt, zum bloßen Gegenstand gemacht, sondern wir können uns entfalten und aufleben unter einem solchen Blick. Da wird auch evident: Wir sind nach dem Bild Gottes geschaffen, und wir müssen uns diesem Bild angleichen.

Daran denke ich, wenn ich das Gesicht dieser Priester-Brüder sehe.

Bekannt wurden die beiden durch ihre selbstlose Arbeit in einem Krankenhaus für Aussätzige in Kamerun. Als der Bischof sie nach Afrika schickte, gingen sie hin, um zu predigen. Und dann trafen sie in einem Leprosenhaus Menschen, deren Glieder verstümmelt waren, deren Beine abgefault waren, die schrecklich stanken. Was haben sie gemacht? Sie haben aufgehört, bloß über den lieben Gott nur zu predigen und angefangen zu studieren, wie man Lepra bekämpft. Sie sind jetzt hervorragende Chirurgen. Sie haben Operationen gemacht, die niemand sonst riskiert hätte. Sie haben besondere Prothesen erfunden, die nur einen Dollar kosten. Liebe macht erfinderisch. Hunderttausende von Leprosen haben sie mit Hilfe dieser Prothesen im wahrsten Sinn des Wortes wieder auf die Beine gestellt. Die Brüder Jacquard fuhren auch nach Rußland, als sie hörten, daß es dort Leprafälle gibt. Und sie haben nicht nur darüber *geredet,* daß man vielleicht etwas machen müßte. Sie haben sich eine Fahrkarte gekauft und sind selber hingefahren, um diese Kranken zu suchen. Aber dort, wo ja alles perfekt sein muß, darf es das nicht geben, weil nicht sein kann, was nicht sein darf. Man hat diese stigmatisierten Kranken einfach in den Norden geschickt und sie dem Gesichtsfeld entzogen. Natürlich durften die Gebrüder Jacquard nicht in den Norden, sie haben nur mit meinen Freunden gesprochen, die ihnen von dieser schweren Lage der Leprosen erzählt haben: Man tut nichts für sie, man läßt sie tun, was sie wollen, und man läßt sie sterben. Die Gebrüder Jacquard haben jetzt an den Vatikan geschrieben, damit diese Frage in irgendeiner Weise angegangen wird. Auch dies keine spekulative, sondern eine ganz konkrete Reaktion. Da gab es keine ideologischen Überlegungen, sondern einen ganz konkreten Impuls. Sie sind nach Rußland gefahren, obwohl sie die Sprache nicht kannten. Sie haben dort ihre Messe gelesen in einer Wohnung von meinem Freund, unter ganz einfachen Umständen. Mein geistlicher Vater hat sie empfangen. Sie haben zusammen geweint.

Auch das geschah von Menschen, die hier in Paris leben. Sie haben so spontan reagiert, vielleicht auch deswegen, weil sie gar nicht die Möglichkeit hatten, administrative oder organisatorische Initiativen in die Wege zu leiten. Dazu hat die französische Kirche kein Geld.

Als die Brüder Jacquard – zwischen ihren Aufenthalten in Kamerun und Äthiopien – nach Paris kamen und uns besuchten, verschwanden gleichsam die Wände unseres Zimmers, es gab keine Mauern mehr, so viel Licht, Jugend und Liebe strahlten diese Hirten Gottes aus.

In Rußland habe ich eher etwas anderes, Entgegengesetztes beobachtet: Vom Gebet und der inneren Schönheit her kommt man zu den guten Werken, zur Liebe. Es ist unmöglich, sich einen Starez vorzustellen, der nicht für die ganze Welt leiden, der nicht für alle Menschen beten würde, der nicht tief betrübt wäre über die Qualen eines jeden Geschöpfes, der nicht mit seinem ganzen Herzen auf den kleinsten Schmerz, auf das (für andere) nicht sichtbare Leiden reagieren würde. Es ist klar, daß man um so besser wird, je mehr man betet, und daß man mit um so größerem Feingefühl die Leiden der anderen versteht.

Bei uns in Rußland ist es aber verboten, karitativ Gutes zu tun im Namen Jesu Christi. Man denkt, der Staat befriedige alle elementaren Bedürfnisse seiner Bürger. Erst hier im Westen habe ich gesehen, welche Wunder eine äußerlich freie Kirche tun kann. Wenn man uns doch auch nur mehr Freiheit schenken würde!

Und jetzt treffe ich mit beiden Brüdern Jacquard, die von ihrer Suche nach den Aussätzigen in Rußland zurückkommen, auf dem Flugplatz Charles-de-Gaulle in Paris zusammen. Sie sind erschüttert von Rußland, tief bewegt von den Begegnungen mit Christen. Aber etwas anderes erschütterte sie noch mehr. Die Brüder Jacquard, zwei heiligmäßige Menschen, die ihr ganzes Leben lang gegen das menschliche Leiden angekämpft haben, verstanden nicht, was das Böse ist. Sie fühlten sich schrecklich elend unter dem „wachsamen Auge des KGB". Sie haben es sich vermutlich mehr eingeredet als es tatsächlich der Fall war, daß man sie „beobachte". Aber erst als sie in Frankreich angekommen waren, atmeten sie erleichtert auf: Jetzt sind sie frei. „Wie konntest du dort nur leben, Tatjana?" fragen sie mich. Ja, viele Russen haben sich daran gewöhnt. Sie haben sich daran gewöhnt, aber das heißt nicht, daß sie sich damit abgefunden haben, es bedeutet, daß sie frei sein konnten auch unter den Bedingungen, wo den Dämonen die Fülle der Macht gegeben ist (nur die Kirche ist ihnen nicht gegeben worden: „die Tore der Hölle werden sie nicht überwältigen").

Wenn man Filmberichte über moderne, sich selbstlos aufopfernde Menschen sieht, über Nonnen, die in den Slums leben, über Priester, die Kinder in der Dritten Welt vor dem Hungertod retten usw. – dann sieht man, daß hier ein Kampf mit dem Leiden vor sich geht, das im allgemeinen neutral, d. h. nicht von den offenkundigen Merkmalen des rein Bösen bestimmt ist. Krankheit kann auch eine Krankheit zur Ehre Gottes sein und das Zeichen menschlicher Sterblichkeit, hier vollzieht sich der Kampf fast immer auf menschlichem Niveau. Das Böse hingegen ist nicht neutral, sondern liegt offen da, unerbittlich, geheimnisvoll, übermenschlich. Hier kann man niemals vom Willen Gottes sprechen, es ist nur so, daß Gott das *zuläßt.* Was aber haben die Menschen in Rußland durchgemacht? „Menschen, für die die Zeit stehengeblieben ist und für die der Raum nur noch eine Kammer war, ein Karzer, eine Zelle, wo man nur noch stehen konnte, ein Eisenbahnwaggon, bis aufs äußerste angefüllt mit menschlicher, halbtoter Last, einer Ladung, die weggeworfen, vergessen, ausradiert worden ist aus der Liste der Lebenden, einer Ladung, die Namen und Zunamen verloren hat, die numeriert und gestempelt worden ist und die per Frachtbrief ins schwarze Nichts der Lager geschickt wird." Das hat man über das Jahr 1934 geschrieben. Für uns, die wir zwanzig Jahre später geboren wurden, gab es mehr Raum und auch mehr Zeit. Wir haben es fertiggebracht, zu leben und sogar schöpferisch tätig zu sein in den Grenzen unserer Gruppe, unseres Kreises, unserer „Atmosphäre“. Und dennoch trägt jeder von uns die besondere Weisheit der schweren Zeit in sich. Es gibt für uns Sphären des Lebens, die ein für allemal „nicht die unsrigen“ sind, wie z. B. die Politik, wie wir sie erlebten. Die Praxis unseres Staates lehnt alle Rechtsnormen und alle Kodexe der Welt ab – vom Römischen bis zum Napoleonischen und darüber hinaus.

Menschen wie die Brüder Jacquard aber tragen in ihrem Blut ein Rechtsbewußtsein, in dem das Böse immer begrenzt ist, in dem Zeit und Raum in Wechselwirkung treten mit den menschlichen Hoffnungen und Bedürfnissen. Aber die Rechtsinstitutionen retten, da sie selbst relativ sind, den Menschen nur vor dem relativ Bösen.

Der orthodoxe Dichter und Philosoph Vladimir Jakubow, der seine Lagerhaft bei Riga verbüßt hat, hat mir geschrieben: „Haben die Menschen im Westen nicht das Gefühl für die Tragik des Seins, für die Realität des Bösen verloren? Sie stießen mit dem allerrealsten Bösen zusammen: mit dem Totalitarismus, dem Terrorismus, und wissen nicht, wie man moralisch anständig auf das Böse antworten kann. Sie denken, sie könnten sich von ihm lösen, indem sie Kompromisse schließen, ‚gute Werke‘ vollbringen usw. Es ist uns nicht gegeben, zu wissen, wohin das führt. Natürlich kenne ich den Westen fast nicht, und so Gott will, habe ich unrecht. Aber mir scheint, daß es dort die Versuchung eines allzu wohlbehaltenen ‚rosaroten‘ Christentums gibt. Wenn man das Böse auch anerkennt, so nur als ein naturgegebenes oder ein soziales Böses, d. h. als Böses ohne individuelle oder charakteristische Eigenschaften und nicht als Böses, das sich in konkreten Personen angesiedelt hat. Und doch hat Christus Dämonen aus Menschen ausgetrieben. Aufgrund unserer russischen Erfahrung wissen wir, wie undurchdringbar das Böse zu sein pflegt, mit welchem Panzer es den Menschen umgibt – und keinen Zugang zur Seele läßt. Sonst könnte es weder Henker geben noch Opfer, weder Märtyrer noch ihre Peiniger." Und Jakubow fährt fort: „Es ist unvermeidlich, daß Verführungen kommen. Aber wehe dem, der sie verschuldet" (Lk 17, 1). Und Jesus fährt fort, indem er über den Mühlstein spricht. Im Evangelium gibt es schreckliche Worte, die keinen Platz lassen für einen rosaroten Optimismus. Es ist seltsam, daß der Westen seine eigene Erfahrung des Bösen hat. Haben sie die Worte des Evangeliums vergessen?"

Mit dem absoluten Bösen kann man den Kampf nur mit Hilfe des absoluten Guten führen. Dann kann man, sogar wenn man von Dämonen umgeben ist, im Paradies leben. Wenn ich an meine Freunde denke, an die russischen Christen, kommen mir die Worte von Meister Eckhart in den Sinn: „Der Engel und der Dämon unterscheiden sich wenig voneinander. Nur dadurch, daß der Dämon, wenn er sich im Paradies befindet, denkt, er sei in der Hölle, während der Engel, wenn er sich in der Hölle befindet, denkt, er sei im Paradies."

6. 4. 86

Im Laufe des heutigen Tages kamen die Brüder Jacquard wieder zu uns, morgen fahren sie nach Bogotá ab, um Kinder vor der Prostitution zu retten. Wichtig ist nicht die einmalige „Rettung", sondern die Richtungsbestimmung dieser gefährdeten jungen Menschen auf ihrem Lebensweg. Es ist wichtig, ein Haus für sie zu finden, in dem sie unterkommen können, eine Beschäftigung, eine Arbeit. In Kolumbien haben die Brüder Jacquard schon ihre eigenen Helfer. Der Boden ist vorbereitet, was zum Beispiel in Nepal nicht der Fall ist, wo alle ihre Aktionen im Sande verlaufen, weil man an Ort und Stelle keine Leute finden kann, die bereit sind, sich um die unglücklichen, kranken und hungrigen Menschen zu kümmern. Heute haben sie von Abbé Pierre erzählt. Wie es ihm gelingt, seine „Emmaus"-Kommunen zu organisieren, wo alle möglichen Vagabunden, Obdachlose und Clochards zusammenkommen. Wie sagte doch ein Journalist, der sich selbst für ein paar Monate in einen Clochard „verwandelte", um alles „mit eigener Haut" zu erfahren: Die „Emmaus"-Gemeinden sind die einzigen Gruppen für die Bettler, wo sie nicht bloß am Leben bleiben, sondern leben. Gewöhnlich ist ein Obdachloser in Frankreich sein ganzes Leben lang auf der Suche nach einem Dach und nach Nahrung. In seiner Seele ist kein Platz für Hoffnung. Nur bei Abbé Pierre ist es nicht so: Dort finden die Menschen Freundschaft. Seine Methode ist es, die Leute fühlen zu lassen, daß sie notwendig sind. Er sagt: „Ich brauche dich. Nicht du brauchst mich!" Die Heilung des Menschen von innen heraus. Als wir selber alte Möbel bei ihnen gekauft haben, habe ich mit eigenen Augen gesehen, wie diese Menschen leben, wie sie zusammen arbeiten, zusammen essen. Gemeinsam essen sie – so ist es billiger –, sie beten nicht unbedingt (nicht alle dort sind Christen), aber auf ihren Gesichtern habe ich die Freiheit gesehen (zusammen mit den Schrammen, den gebrochenen Nasen und anderen Zeichen ihres früheren Lebens). Manchmal, leider nicht allzu häufig, kann man Abbé Pierre auch im Fernsehen sehen: Er klagt Minister an, deckt die allgemeine Gleichgültigkeit auf, er versetzt Berge. Das letzte Mal sah ich ihn im

Fernsehen, als es den starken Kälteeinbruch in Frankreich gab. In Paris war wieder ein Obdachloser direkt auf der Straße erfroren. Abbé Pierre nennt die Schuldigen ohne theatralischen Zorn, ohne jede Demagogie. Selbst sein Gesicht zeigt immer grenzenlose Offenheit, erschütternde Aufrichtigkeit. Jedes seiner Worte kommt aus dem Herzen, aus dem Inneren. Wie seltsam, daß das Fernsehen, bei dem wir so an leere und äußerliche Gesichter gewöhnt sind, fähig sein kann, auch dieses sanfte Gesicht zu zeigen.

Am besten an Abbé Pierre hat mir dies gefallen: Als ich ihn gefragt habe, was er am meisten in seinem Leben bedaure, antwortete er: „Daß ich zu wenig riskiert habe in der Liebe."

Abbé Pierre ist nicht nur ein Symbol für Frankreich. Er ist auch ein Symbol der französischen Kirche, die keine reiche Kirche ist. Und er ist ein Beweis dafür, daß gerade die Armut der Kirche geistlichen Reichtum freisetzt.

Besançon, 5.9.86

Die Welt von heute, die Gott hinausstößt („die Reife der Welt", nach Bonhoeffer), duldet keine Kranken, keine Sonderlinge, Narren und Kinder. Aus der Psychologie wissen wir, daß in unserer Gesellschaft etwas ganz Mittelmäßiges, Konformistisches, etwas, was die anderen nicht stört, als „Norm" gilt. Ein Mensch aber, der zu schöpferischer Selbständigkeit gelangt ist, transzendiert jede beliebige „Norm" und nähert sich gleichzeitig „anormalen" Menschen, Menschen, die nicht voll entwickelt, die krank sind. Höchste geistige Gesundheit und Anormalität fallen zusammen. In Besançon habe ich mit eigenen Augen gesehen, daß das tatsächlich so ist: Für die Kranken ist es leichter, heilig zu werden, und die Heiligen fühlen sich zu den Kranken hingezogen. Alle zusammen sind wie Kinder, schutzlos und unbezwingbar.

Ein riesiges Stadion. Einige Tausend Menschen. Aber es ist keine Masse, es sind Gesichter. In den ersten Reihen sieht man die in Rollstühlen Hergebrachten: Lahme, Krüppel, Blinde. Der Diakon Jacques Lebreton spricht. Im Krieg hat er durch die Explosion einer Granate beide Arme und das Augenlicht verloren. Diesen Verlust nennt er einen „Gewinn", der Verlust ließ ihn verstehen, wie „Blinde sehend werden": „Um 6 Uhr abends hätte ich noch gelacht, wenn man mich nach Gott gefragt hätte, um 10 Uhr abends war ich schon bereit, ihm mich ganz zu überlassen, vorbehaltlos." Er reist durch die ganze Welt. Ein großer, kraftvoller Prediger. Ich freue mich immer, Menschen zu sehen mit solch einer inneren Kraft und einem derartigen Mut. Ich denke bei mir:

Gott, der Herr, hat doch noch Menschen, die ihm treu ergeben sind. Und wie treu! Wieviel Findigkeit, Schärfe und Geist stecken in Jacques' Antworten! Auf die Frage, ob es Gott gäbe, antwortete er: „Wo immer ich mich auch befand, an jedem beliebig entlegenen Platz auf dem Erdkreis, in jeder beliebigen verlassenen und unwirtlichen Gegend – ich habe in meiner Hilflosigkeit nicht einmal fünf Minuten warten müssen, die Leute kamen sogleich und halfen mir, obwohl ich niemanden gerufen hatte. Das ist ein Beweis dafür, daß Gott existiert."

Eine behinderte Frau hält eine Predigt: Es ist eine Frau, die bei der Verteilung der Gesundheit noch mehr übergangen worden war. Ein von Kindheit an auf den Rollstuhl angewiesener Rumpf, ohne Arme, ohne Beine. Nur der Kopf ist da. Sie spricht. Ihre Stimme ist leise, tief, ohne überflüssige Anstrengung, ohne falschen Klang. „Ich hätte so gerne eine Familie gehabt, ich hätte mir gewünscht zu reisen, ans Ende der Welt zu fahren, mich in Abenteuer zu stürzen, frei und verwegen zu sein wie eine Zigeunerin. Aber so ist es eben, meine Möglichkeiten sind nicht gerade groß. Und obwohl ich sehr wenig habe, so will ich auch dieses Wenige Gott hingeben. Ich bemühe mich, meine Kräfte aufs äußerste dazu zu benutzen, ihm zu dienen." Dieser hin und her schwankende Kopf, er ist unterwegs in Sachen Gottes. (Und welch „gute" Predigerin sie ist, das habe ich aufgrund der Tränen verstanden, die mir ununterbrochen aus den Augen strömten.) Der Geist liegt hier offen da in seiner letzten Einfachheit, wo Leichtsinn und Unernst nicht mehr möglich sind. Im Rollstuhl sitzt ein „reiner", gänzlich entblößter Geist, und die Stimme ist so arm, wie sie nur durch echte Demut werden kann.

Als ich spreche (selber ein Invalide, früher und immer noch, und eine, die noch schlimmer dran ist als sie alle), spreche ich davon, wie man in der russischen Tradition die Kranken liebt und sie hoch achtet. Wenn ein Mensch seine Krankheit ohne Klagen annimmt („meiner Sünden wegen hat Gott sie geschickt"), so wird er in den Augen der einfachen Leute selig, man bemüht sich, ihm die Hand zu küssen, man drückt ihm Geld, Äpfel oder Backwerk in die Hand oder steckt es ihm in die Taschen. Sein Gebet zu Gott bringt besonders viel. Natürlich hat sich auch in der Zeit der sowjetischen Herrschaft diese Einstellung im Volk nicht geändert.

Eine ganz zitternde und zusammengekrümmte Frau spricht dann, eine Frau, die nicht fähig ist, sich selber im Rollstuhl hinzusetzen. Es ist sogar nicht einmal mehr ein Kopf, weil an seiner Stelle – Fleisch ist, das sich in qualvollen Krämpfen immer wieder verzerrt, es ist nicht einmal mehr Stimme, sondern ein Gemurmel, das ein spezieller Übersetzer verständlich machte – diese Sklavin Gottes lebt mit den Sorgen der ganzen Welt. Mit ihrem Geist, der ungebunden und überaus machtvoll ist, fliegt sie hinüber zu den Leiden unserer russischen Invaliden. In ihrer kurzen Rede (es fällt ihr sehr schwer zu sprechen) sagt sie, daß sie nicht an sich selbst denkt, sondern an ihre Brüder in der Sowjetunion, daß sie daran denkt, wie grausam die Behörden mit ihnen umgehen. Daß sie das innerlich bewegt und beunruhigt, daß sie für sie betet.

Da denke ich bei mir: es ist tatsächlich so, daß „die Liebe niemals aufhört". Seltsam: Wie sehr auch die dunklen Kräfte sich abmühen, unser Leben in eine Hölle zu verwandeln, die Worte des Apostels Paulus „Am größten unter ihnen ist die Liebe" überstrahlen sie doch. Dostojewski hat auch auf bemerkenswerte Weise gesagt: „Hölle – das ist die Unmöglichkeit zu lieben". Und wir sehen: ohne Arme, ohne Augen, ohne Sprache, in Gefängnissen, in Einzelzellen, in psychiatrischen Kliniken, wenn man alles wegnehmen kann und auch alles weggenommen wird, die Liebe bleibt. „Tod, wo ist dein Stachel, Hölle, wo ist dein Sieg?"

Der Kongreß (sie, die unermüdlichen Wundertäter, die Brüder Jacquard, haben ihn organisiert) dauerte zwei Tage. Die Atmosphäre bei dieser Begegnung war so dicht angefüllt, daß bisweilen die Tränen und die Begeisterung nicht ausreichten. Eine Rede blieb mir besonders gut im Gedächtnis haften. Ein ehemaliger Schwerverbrecher, er heißt, wie unser Bekannter, André. Schon vom Äußeren her hat er mir sofort gefallen. Er ist klein gewachsen, eine besondere Einfachheit und Verhaltenheit liegen in seinen Bewegungen. Etwas, was man nicht genau fassen kann, es ist aber keine Listigkeit und keine Feigheit. Im Gegenteil, jede seiner Gesten offenbart Unabhängigkeit. Angezogen ist er auch nicht auf bourgeoise Weise, er trägt etwas, was man nicht alle Tage sieht, das ihm aber ganz gut steht. Und in seiner Stimme ist nichts von Heuchelei, nichts von einer abgedroschenen „Predigt", von Gezwungenheit. Es ist klar zu sehen, dieser Mensch kann Demagogie nicht leiden. Dreimal wurde er verhaftet, weil er „Banken knackte, mit Narkotika handelte, stahl". Ein paar Mal brach er aus dem Gefängnis aus, aber man fing ihn wieder ein. Das letzte Mal saß er fünfzehn Jahre lang. Im Gefängnis bekam er von einem Geistlichen die Bibel, widerwillig las er ab und zu darin. Einige Dinge gefielen ihm: wie Christus Wasser in Wein verwandelte, wie er über das Wasser ging. Eines Tages sagte André: „Wenn es dich gibt, dann erwarte ich dich heute nacht um zwei Uhr." Er schlief tief ein und wachte genau um 2 Uhr auf: In einem Licht, das heller war als das der Sonne, erschien ihm der, den er eingeladen hatte: die Hände und Füße waren durchbohrt, Blut floß heraus.

Christus zeigte auf seine Wunden und sagte: „Und das ist auch deinetwegen.“

Heute besucht André Gefängnisinsassen, viele lachen über ihn, aber sein Tun zeigt auch Früchte – kriminelle Verbrecher haben einen „Gebetskreis“ gegründet, sie beten zu einer bestimmten Zeit. Ich kann mir irgendwie nicht vorstellen, wie man jemanden mit einemmal bekehren kann. Volodja F., der mit Kriminellen zusammen im Lager war, schreibt mir aus Rußland, daß er über ihre Bekehrung nachdachte, daß dies zu machen ihm aber unmöglich schien, wurde er doch im Lager wegen seines Glaubens an Gott geschlagen. Und das nicht nur von den Vorgesetzten. Aber da hat André Erfolg. Vielleicht haben die westlichen Menschen eine andere Psychologie? Vielleicht sind sie weniger leicht empfänglich für die Form? Ergreift den russischen Menschen doch sofort Abneigung, wenn er sieht, daß man ihn irgendwohin zieht (oder: ziehen will), daß man eine bestimmte Moral aufbaut (oder: aufbauen will). Viel zu lange hat man uns mit Ideologien traktiert und mit Morallehren gequält.

Daran dachte ich auch bei einer anderen Rede. Eine alte Frau spricht; sie ist von kräftiger, männlicher Statur, trägt Hosen und hält Transparente in den Händen. „Eine Wallfahrt, um das Wasser des Lebens zu holen.“ – „Wir wurden geheilt, danke.“ „Alkohol? Nein, danke.“ Die Frau bringt es fertig, mit Wallfahrten nach Lourdes Alkoholiker zu heilen. Unsere Trinker in Rußland hätten ihre Plakate und Losungen ausgelacht. Aber sie hat damit Erfolg. Vielleicht deswegen, weil von ihr selbst eine Kraft ausgeht. Ihre mütterliche Strenge und eine Siegessicherheit in ihren Gesten müssen auf schwache Menschen anziehend wirken.

Zwei Nonnen aus Bogotá treten ans Mikrophon. Sie haben Zehntausende von 10- bis 14jährigen Mädchen vor der Prostitution bewahrt. Während sie reden, nimmt eine Frau ihren sehr wertvollen Halsschmuck ab und gibt ihn ihnen. Und auch das ganze unansehnliche und auf moderne Weise kalte Stadion glänzte wie eine Perle. Sogar der sogenannte „künstlerische" Teil des Kongresses (angsteinflößende Lieder mit Gitarrenbegleitung) störte mich kaum, ich beachtete ihn einfach nicht. Die Aussagen dieses Teils waren nichtssagend, sie erreichten nicht die Stufe erlesener majestätischer Schönheit. In den musikalischen Pausen schaffte ich es nur mit Mühe und Not, in meine Seele hineinzuschauen, die Ekstase durch Überlegung zu überprüfen – nüchtern zu werden (in der Orthodoxie ist Nüchternheit das Wichtigste).

Später im Bus erzählte unser Fahrer, als er das letzte Mal einen Bus von Paris nach Besançon gefahren habe, da sei er noch Atheist gewesen. Aber als er die Reden gehört habe, da habe er gedacht: „Wenn *das* Christentum ist, dann bin ich auch ein Christ."

Nach Besançon

In Besançon haben sich die Menschen versammelt, die in ihrem Leben das Prinzip evangelischer Einfachheit verwirklichen.

Was ist das? Dostojewski schreibt, daß Raskolnikows erste Herzensregung immer richtig und gut war: Er wollte ein Mädchen retten, das sich in Gefahr befand, er wollte einem leidenden Menschen helfen. Aber dann kam augenblicklich die Reflexion: Warum eigentlich sollte er retten? Sie wird sowieso nicht gleich heute oder morgen in die grausamen Hände eines anderen geraten. Alle kann man doch nicht retten. Millionen sterben an

Hunger, an Ungerechtigkeit, an Krankheiten. So war es, und so wird es immer sein usw.

Sogar Christen gebrauchen dieselbe „kluge" Logik: Vielleicht ist diese gute Herzensregung nichts anderes als Stolz? Ein überheblicher Wunsch, sich selbst an die Stelle Gottes zu setzen. Es gibt auch noch durchtriebenere Ausflüchte, die ich von Christen gehört habe und die etwa so lauten: Wenn wir die Menschen vor den Diktatoren (Franco, Pinochet) retten, so öffnen wir einem noch größeren Übel die Tore: dem Kommunismus. Und solche dialektischen Ausflüchte sind mit schuld, daß trotz einer Vielzahl von Christen, die es überall gibt, das Leben nicht besser wird.

All das bezieht sich nicht auf die, die in Besançon zusammenkamen. Das waren Menschen, die sich bemühten, Gutes zu tun, die an diesem Tun Gefallen gefunden hatten, die nicht fähig waren, auch nur einen Tag zu leben, ohne Gutes zu tun. Das waren Kinder, die nicht eingefangen sind in die Netze allweiser Ideologie und auch nicht in das klügelnde Philosophieren einer pseudoasketischen Passivität.

Meine eigenen Zweifel beginnen erst dann, wenn das Prinzip guter Taten zu einem Überprinzip wird, wenn es in den Vordergrund tritt und die Demut und das Vertrauen auf Gott unter sich zermalmt.

Unerträglich sind für mich Hysterien, in denen sich einige Christen befinden; diese schreien laut, sie könnten ihren Kindern nicht in die Augen schauen, weil es die Leiden der Juden und Polen gegeben habe, weil die Länder der Dritten Welt leiden. Echte Liebe ist ruhig, obwohl sie auch glüht, sie ist weise und geduldig, obwohl sie auch immer bemüht ist, zu helfen. Kann man sich etwa vorstellen, daß Mutter Teresa aus Kalkutta in einer solchen Hysterie lebt und arbeitet? Und sie schafft es doch nur, einem kleinen Teil der Bevölkerung zu helfen – und wie vielen muß sie absagen? Oder unsere russischen Starzen, sie leben mit dem Schmerz für die ganze Welt, aber ruhig und mit Gelassenheit nehmen sie die Tatsache hin, daß ihre Hilfe äußerst begrenzt ist. Es gibt das Geheimnis der Geschichte, das Geheimnis des Bösen und das Geheimnis des Leidens. Es gibt aber auch das Vertrauen auf Gott und die Geduld und die Annahme seines geheimen Gedankens.

Der zweite Zweifel bezieht sich auf etwas ganz anderes. Ich bin überzeugt, daß Menschen wie die Brüder Jacquard ebenso heilig sind, wenn sie Aussätzige operieren, wie dann, wenn sie in Besançon vor vielen Leuten sprechen, aber auch, wenn sie mit dem Flugzeug unterwegs sind oder zu zweit alleine sind. Ihre Heiligkeit ist keine gespielte, sie ist ununterbrochen vorhanden: sie haben sich selbst gefunden. Es gibt aber auch eine andere Variante. Wie oft bin ich mit Menschen zusammengekommen, die bei der Arbeit Gutes taten und zu Hause ihre Nächsten tyrannisierten! Wie oft habe ich mit Bitterkeit bemerkt, daß gute Taten die Person als solche irgendwie nicht berühren, nicht an ihr haftenbleiben, sie nicht vervollkommnen! Ein solcher Mensch tritt auf der Stelle, für den Christen ist so etwas eine Sünde. Denn man kann nur fallen oder wachsen. So kommt es, daß man dem Buchstaben dient, aber nicht dem Geist, daß man Berge versetzt, aber keine Liebe hat.

Ist deshalb das *Wie* so wichtig? Und das *Wer*? Der Christ muß in seinem Leben ein Gleichgewicht finden zwischen dem Tun und dem Gebet. Und dennoch weiß ich aufgrund meiner eigenen, wenn auch bescheidenen Erfahrung, daß keine Hilfe für einen anderen spurlos vorübergeht: „Und wer einem von diesen Kleinen auch nur einen Becher kalten Wassers zu trinken gibt ...

wahrlich ich sage euch, er wird seine Belohnung nicht verlieren" (Mt 10,42).

Noch einen Traum habe ich: Wenn in unserer russischen Kirche die konkrete, reale Hilfe für den Nächsten möglich sein wird, wie viele Menschen wird man dann dort finden, Menschen, die nicht nur – wie in der Vergangenheit und bis heute – sterben sondern Menschen, die für die große Sache der Liebe auch *leben!*

Paris, 10. 7. 86

Die Zeit liegt lange hinter mir, als ich an einer theologischen Hochschule in Deutschland studierte und die Erfahrung machen mußte, daß da mehr über Gott gelacht wurde als daß man, von seiner Größe und Herrlichkeit ergriffen, seine Wirklichkeit verkündet hätte. Ich bin vor einem solchen theologischen Studienbetrieb geflüchtet. Ich fahre auch schon lange nicht mehr auf theologische oder exegetische Tagungen, wo etwa selbstzufriedene modernistische Exegeten mit gelehrter Miene beweisen wollen, daß es den „Stern von Betlehem" nie gegeben hat (interessant genug, woher sie das so genau wissen) und daß selbst „Betlehem" nie existiert hat. Dazu bemerkt doch tatsächlich ein Exeget: „Daß Jesus in Betlehem geboren wurde, das haben sich die Evangelisten ausgedacht. Eine ergreifende Unwahrheit, wollten sie doch nur, daß die alten Prophezeiungen in Erfüllung gehen." Und weiter erzählte man uns, daß Isaak älter als Abraham war und folglich nicht sein Sohn sein konnte und daß es natürlich auch das Opfer des Abraham nicht gegeben hat.

Eine schreckliche Erinnerung habe ich an eine Versammlung, bei der die Teilnehmer überwiegend katholische Priester waren. Als ich von der Wichtigkeit des Kreuzes sprach („Nimm dein Kreuz auf dich, und folge mir nach") stürzten sie sich auf mich wie auf eine Verbrecherin: „Das ist doch Masochismus." „Das Kreuz kam im Christentum erst sehr spät auf, die ersten Christen kamen auch ohne das Kreuz aus", so hielt man mir entgegen – aber die ersten Christen wurden eben auch gekreuzigt, deshalb brauchten sie das Symbol des Kreuzes nicht. Oder man sagte: „Das Martyrium braucht man nicht zu suchen" – aber davon hatte ich auch gar nicht gesprochen. „Was ist dann, Ihrer Meinung nach, das Ziel des christlichen Lebens?" fragte ich diese gelehrten Männer. Eine Antwort: „Das Ziel ist, daß die ganze Gemeinde reich und gesund ist." Welch Primitivismus, welche Abgeschmacktheit! So weit sind nicht einmal die Bolschewiki heruntergekommen. Denn die Kommunisten möchten Reichtum und Gesundheit für alle, nicht nur für sich selbst. Und doch waren es keine dummen Leute, die das gesagt hatten. Im Gegenteil, an sich waren diese kirchlich bestallten Ausleger des Wortes Gottes sympathische, gebildete Menschen, die ihren Nächsten Gutes wünschten. Nur beten konnten sie überhaupt nicht (obwohl, wie gesagt, fast alle Priester waren). Die meisten sagten, daß „die Periode des Gebets" bei ihnen schon weit zurückliege. Während eines äußerst kurzen „Gottesdienstes", der diese Bezeichnung kaum verdiente, erhellte sich das Gesicht nur bei einer alten Frau „aus dem Volk", die sich dort zufällig eingefunden hatte. Die übrigen aber saßen wie vorher schon mit kalten und gleichmütigen Mienen da, als ob da irgendein Tagungsgeschehen abliefe.

Nach solchen „Konferenzen" werde ich gewöhnlich physisch krank, und Kräfte habe ich ohnehin nur noch wenige, so daß ich mich nicht mehr verführen lasse und nicht mehr dorthin fahre. Ich habe allerdings die Erfahrung gemacht, daß die einfachen Menschen in Deutschland diese Art einer modisch-modernistischen „Theologie" nicht annehmen. Die Menschen brauchen echte geistige Nahrung, einen festen und hellen Glauben. Diesen kann man aber bei derartigen „Exegeten" nicht finden. Ja, so sind sie, sogar die gewöhnliche menschliche Weisheit genügt ihnen nicht. Auf mich wirken sie wie künstliche gleichsam im Reagenzglas geborene Wesen. Selbstverständlich will ich nicht einer (sehr gefährlichen) theologischen Ignoranz das Wort reden. Karl Rahner, der ein großer Theologe und ein gläubiger und schlichter Mensch war, hat völlig zu Recht gesagt, daß Denkfaulheit nicht der Boden sei, auf dem Frömmigkeit gedeiht. Und ich selber habe auch nie aufgehört, zu lesen und zu lernen – es gibt immer noch (aber selten) sowohl gute Bücher als auch interessante Vorlesungen. Aber wie leid tun mir die einfachen Menschen! Wie sehr tun mir zum Beispiel die Religionslehrer leid! Was können sie denn die Kinder lehren, wenn niemand mehr versteht, was im innersten des Glaubens „katholisch" ist?

Und dennoch gibt es das gläubige, einfache Volk, in Deutschland wie in Frankreich. Das heißt, es gibt den Glauben an die Notwendigkeit des Opfers, echte geistige Freude und das Gefühl des Sieges über die Welt, über die Sünde. Nicht alle haben sich dem Materialismus ergeben. Wie viele Menschen habe ich getroffen, die bereit sind, für Gott sehr große Opfer zu bringen. Solche Menschen helfen uns – etwa auch mit Büchern, mit Bibeln für Rußland, mit Geld für die Christen. Und wie sehr beten sie dafür, daß die russische Kirche frei atmen kann. Hier im Westen etwa werden gute katholische Bücher in vielen Sprachen ganz uneigennützig gedruckt. Eine Familie in Deutschland druckt unsere Zeitschrift „Gespräch" in russischer Sprache, man druckt für die russischen Christen auch die „Dobrotoljubie" (d.h. Liebe zur Güte, Gutmütigkeit), alles um Gotteslohn. Nicht Menschen drängen sich in den Vordergrund, sondern das reine Dienen. Sie arbeiten sogar nachts in ihrer Setzerei und am frühen Morgen verteilen sie vor den Fabriktoren in Ludwigshafen das christliche „Blatt". Und die Mutter Gottes ist in ihren Köpfen, ihren Herzen, in ihren Augen – überall ist sie da. Von ihrem Reichtum können diese Leute nichts hergeben. Sie sind die Allerärmsten, aber sie bereichern alle.

Ich bin überzeugt, daß ihr Opfer von Gott angenommen wird, weil es ein totales Opfer ist, sie lassen nichts für sich selbst. Sie kommen zu den Menschen wie Engel im Fleisch, und mit ihrer Kraft, Reinheit und Liebe gestalten sie alles um. Sie sind aus der evangelischen und katholischen Kirche, aber zwischen uns herrscht volles Einverständnis. Vor allem von diesen Menschen werde ich in Rußland erzählen, wenn ich dorthin zurückkehre.

Rio de Janeiro, 30.9.86

Da bin ich nun in Lateinamerika. Wie lange habe ich davon geträumt! Aus irgendeinem Grund habe ich immer geglaubt, daß die „Dritte Welt" und „die Zweite", aus der ich komme, einander irgendwie ähnlich sein müssen.

Ich wohne in der Residenz des Bischofs. Sie ist von einem tropischen Garten umgeben. Alles in diesem Park übersteigt das normale Maß: Die Blätter sind so groß wie ein Kopf, die Schmetterlinge so groß wie eine Hand, die Eidechsen so groß wie eine Sportmütze. Was bei uns in Europa beschnitten und zurechtgezüchtet wird und in Blumentöpfen wächst, das schlägt hier ungehindert aus und wächst und wuchert in seiner ganzen Fülle. Das ist schon keine Dekoration mehr, das ist mehr als der Traum vom märchenhaften Rio, es ist das übernatürliche Leben selbst.

Rio ist eine moderne Stadt. Aber noch mehr liebe ich die alten Gebäude, den brasilianischen Barock. In dieser Architektur gibt es kaum gerade und abgezirkelte cartesianische Linien. Wieviel Wärme und Mitgefühl mit dem Menschen ist in all diesen runden, vertieften muschelartigen Details! Häuschen, die lächeln – keine leeren, langweiligen Mauern öden einen an. Bald sind es hellblaue, bald violette, bald zartrosafarbene Häuserwände – eine märchenhafte Welt. Wir gehen in eine Kirche hinein. Auch dort, im Innern, ist alles nach dem Gesetz der Natur geschaffen, einer Natur, die „die Leere nicht liebt": Die Wände sind mit Kacheln aus Portugal überzogen, an der Decke sind in naiv greller Manier Engel, die Sonne und die Mutter Gottes abgebildet. Ja, man kann sich nicht vorstellen, daß irgendwo in Brasilien eine kalte und schmucklose protestantische Kirche entstehen könnte, in der, wie Roland Barthes sagte, die Religion des „Nichts" geboren wurde. Sogar die Stühle in dieser Kirche leben. Mit ihren langen, gebogenen Rükkenlehnen, mit ihren runden pfotenartigen Beinchen gleichen sie eher Lebewesen als bloßen Sitzgelegenheiten.

Und was für Straßenbahnen es in dieser Stadt gibt! Langsam, hin und her schwankend und keuchend kriecht eine Tram ohne Seitenwände den Berg hinauf. Und die Menschen hängen wie die Trauben eines Weinstocks an den Seiten, manchmal springt einer herunter und läuft ein Stück Wegs neben der Straßenbahn her.

Die Technik selbst befreit sich von ihrem stählernen Zwang, sie bekommt eine Seele und wird menschlich.

Schon zwei Tage bin ich in Rio. Ich kann die Sprache der Menschen nicht, aber ich sehe, daß sie hier spontaner, herzlicher und jünger sind als in Europa. Und die Kirchen sind voll.

2. 10. 86

Anscheinend hat man beschlossen, mich in ein goldenes Gefängnis zu sperren. Mal sitze ich – ohne die Möglichkeit herauszukommen – in der Residenz des Kardinals fest, wo ich wie ein Kriegsobjekt bewacht werde, mal bringt man mich im Auto in das kirchliche Bürozentrum – ein riesiges Gebäude mit vielen Stockwerken, wo es mir übel wird von all dem bürokratischen Mobiliar. Es ist, als sei ich in das Verwaltungsgebäude des Gebietskomitees der KPdSU geraten. Plakate, graphische Darstellungen, Tabellen. Auf den Tischen Telefonapparate und viel Papier. Und ich muß dasitzen und warten, bis man sich um mich kümmert. Und wenn man sich schließlich um mich kümmert, dann wird es keineswegs besser. Plötzlich werde ich in einen riesigen Kinosaal geführt, dort zeigt man mir ganz allein einen Film – über die Arbeit der „Eparchie" von Rio de Janeiro. Der Film besteht aus denselben graphischen Darstellungen und Quadraten, die schon den ersten Eindruck im Flur bestimmten. Ich sehe Schemata, in Sektoren zerlegt – Sektor „Jugendarbeit", Sektor „Frauenarbeit", „Klöster" und ähnliches. Ich habe auch „lebende" Kader gesehen, als man mir eine Sitzung von Kirchenfunktionären zeigte, Männern, deren Gesichter und Gesten sich in nichts von den Gesten unserer Bürokraten unterschieden. Aber gleichzeitig dachte ich: wenn Ausländer nach Moskau kommen, bemüht man sich schließlich auch, ihnen etwas Ähnliches zu zeigen – wie die Organisation bei uns ist, wie die Ordnung. Das Lebendige, das, was den Geist ausmacht, teilt man ihnen auch nicht mit. Und bei vielen westlichen Leuten entsteht vielleicht auch der Eindruck, daß die ganze russische Kirche genauso ist. Alles täuscht, äußere Eindrücke trügen. Das ist nicht die Wahrheit über die brasilianische Kirche. Es steht mir nicht zu, mich von diesen formalen Torheiten verleiten zu lassen. Schließlich habe ich doch gesehen, wie inbrünstig das Volk in den Kirchen betet.

3. 10. 86

Die ganze Zeit hat man mich im Auto herumgefahren, alle beschützen mich, und doch bin ich nicht deswegen gekommen. Kann ich denn diese Stadt nur durch die Scheiben eines Autos sehen? Da bin ich schließlich weggelaufen, ich hielt es nicht mehr aus. Die allgemeine Aufregung war schrecklich. Man rief die Polizei an. Ich aber genoß inzwischen den Spaziergang, die frische Luft und die Macht des Ozeans, die Gegenwart eigenartiger Berge, die aus einem alten Traum zu sein schienen, die Gesichter der Menschen, das arme und reizvolle Leben, das sich in den engen Gassen abspielte, in die ich nie geraten wäre, wenn ich in der bischöflichen Limousine gesessen hätte.

5. 10. 86

Ich war in einer Favela, in den Slums von Rio. Da ich schon in Europa von der äußersten Armut des Lebens in Brasilien gehört hatte, erwartete ich das Schlimmste. Aber das, was ich gesehen habe, ist im großen und ganzen nicht so katastrophal wie ich es mir vorgestellt hatte. Man kann leben. Es ist wenig Platz da, das Mobiliar ist verschlissen und natürlich nicht so neu wie in europäischen Häusern. Aber das ist meinem Wesen irgendwie näher. In der Sowjetunion wäre das eine ganz normale Lebensweise. Keiner würde das „Elend" nennen. So lebt die Hälfte meiner Bekannten, und ich selbst habe auch mein Leben lang so gelebt, wenn nicht noch schlechter. Die Menschen hier sind fröhlich, es gibt viele Kinder, Hunde, Katzen, das Leben sprudelt aus allen Ecken. Diese gebrechliche und arme Welt ist mir näher als die Welt des mitteleuropäischen Hauses, wo ich mich immer fremd fühlte. Sogar das Mobiliar dort erschien mir immer so wuchtig und von abweisendem Stolz, als ob es den Menschen hinausstoßen wollte.

In Europa dachten meine Freunde und ich so: Lateinamerika – eine kleine Anzahl von Leuten lebt im Wohlstand, und die Mehrzahl der Menschen stirbt buchstäblich vor Hunger. Und meine kirchlichen Gastgeber wollten mich auch nicht in diese Favela gehen lassen. Man sagte mir, es sei zu gefährlich, alleine und zumal als Ausländer dürfte ich überhaupt nicht gehen, man würde mich sofort bestehlen und töten. Eine Stelle fiel mir ein aus dem Buch von Y. Mauffret, „Begegnung in Rio", wo ein Junge aus einer Favela mit jäh abbrechender Stimme sagt: „Das ist kein Leben, das ist die Hölle ..., hier haben die Menschen jegliche Würde verloren." Jetzt, nachdem ich in einer Favela war, kann ich den letzten Satz überhaupt nicht mehr verstehen. Im Gegenteil, mir schien es, daß diese armen Leute mehr Würde ausstrahlen, mehr aussehen wie Menschen als alle übrigen. Ich darf freilich meinen Eindruck nicht verallgemeinern. Es stimmt, man erzählte mir, daß es auch Favelas gibt, die noch ärmer sind als die, die ich gesehen habe.

*

Ich habe eine russische Emigrantenfamilie besucht, die vor vierzig Jahren hierher kam und vorher in Europa lebte. Nach Brasilien waren sie ausgewandert, weil sie sich vor dem Kommunismus retten wollten. Jetzt ist alles gerade umgekehrt: In Europa spielen die Kommunisten keine bedeutende Rolle mehr, aber in Brasilien hört man immer wieder Lobreden auf Kuba, auf Nicaragua, auf die Sowjetunion.

Nach meinem Vortrag erhielt ich ein paar Zettelchen, auf denen gefragt wurde: „Und wie ist es mit der gerechten Verteilung des Besitzes im Sozialismus, wie ist es mit der Gleichheit im Sozialismus?" Sie glauben immer noch, daß es in der Sowjetunion, von einigen Mängeln abgesehen, Gerechtigkeit und Gleichheit gibt. In Europa werden mir solche Fragen schon lange nicht mehr gestellt.

Hier gibt es die gleiche Teilung, wie man sie in der westlichen Kirche auch oft findet: Auf der einen Seite die an die Tradition gebundenen oder konservativen Katholiken, sie führen ein langweiliges Leben und haben kein Gespür für die Fragen der Zeit. Auf der anderen Seite die „Progressisten", sie haben ein Gespür für die Geschichte, aber sie lassen sich von billigen und platten Ideologien blenden.

Ich war zu den „Konservativen" geraten. Sie alle lieben die Kirche, wie es sich gehört, sie lieben sie und bemühen sich, schlimmen Entwicklungen vorzubeugen, die sozialen Probleme irgendwie zu lösen (spekuliert der Marxismus doch gerade auf die soziale Ungleichheit). Alle Seelsorger sind mit Arbeit überlastet. Manchmal scheint mir, daß hier auch das gleiche Unglück existiert wie in Europa: Alle hasten dahin, entwickeln eine unwahrscheinliche Aktivität, alle Probleme werden politisiert, und unter den Priestern gibt es wenig echte Beter. Ich dachte, wenn es das gläubige Volk gibt, dann werde ich auch Starzen finden, aber nach meinen Erkundigungen und Gesprächen sehe ich, daß es keine gibt. Und einige haben das Bild Gottes schon so sehr verloren, daß sie eher Marionetten mit mechanischen Gesten und stereotypem Lächeln gleichen. Das ist für mich ein Zeichen dafür, daß das innere Leben fehlt. Der französische Psychoanalytiker Jacques Lacan hat einen neuen kategorischen Imperativ formuliert, den man in unserem vom Technizismus und Funktionalismus zerstörten Jahrhundert anwenden muß: „Handle so, daß nicht eine deiner Bewegungen automatisiert werden kann."

Und dieser Automatismus ist paradoxerweise besonders groß in Rio, wo alles sehr schnell wächst, wo es nicht eine starre Linie gibt und wo sich jeder Tod in Leben verwandelt. Aber in Gesprächen mit Priestern habe ich verstanden, daß sie (nicht alle wahrscheinlich, aber viele) weit entfernt sind von einem echten Verständnis des Lebens, der Frische. Ich habe gespürt, wie sie die Spontaneität fürchten. Und es bleibt ihnen natürlich keine Zeit für das Wahrnehmen von Neuem, für das Studium der Kultur. Auch hier habe ich, wie übrigens auch oft in Europa, unter den Priestern Provinzialismus und Isoliertheit angetroffen. „Sie haben Brasilien verloren", sagte mir gestern eine Katholikin, die in noch größerem Maße als ich deprimiert ist von der Blindheit und Taubheit des Klerus.

7.10.86

Beim Mittagessen fragte der Kardinal mich nach meiner Meinung, warum in Brasilien der Marxismus so stark sei. Warum, in der Tat? Es gibt ernste soziale Probleme. Aber man kann sie auf eine andere, nichtmarxistische Weise lösen (sicher ist nur, auf die marxistische wird man sie niemals lösen). Rocco Bottiglioni hat gesagt: Die brasilianische Intelligenzija kann die nordamerikanische Variante der Zivilisation nicht annehmen, sie kann sich nicht einverstanden erklären mit einer säkularisierten, sinnentleerten und platten, mit einer „bürgerlichen" Lösung des Problems. Der Marxismus aber ist antibürgerlich, er kann als eine neue Religion verstanden werden. So wurde er auch in Rußland verstanden. Deshalb wirkt der Marxismus anziehend für die Intellektuellen.

Bottiglioni hat noch etwas Interessantes gesagt: Die Linken in Brasilien haben ein Gespür für die Geschichte, sie leben mit ihrem „Kairos" und mit Missionsgeist, die Linken haben ein Charisma. Und, in der Tat, so dachte ich, wird in der Geschichte viel vom Heiligen Geist gesprochen, gerade in der „Theologie der Befreiung". Aber in dieser Theologie verschlingt die Geschichte so oft den Heiligen Geist. Und dennoch besteht die Schwäche der Rechten darin, daß sie kein Gespür haben für die Wichtigkeit eines geistigen Aristokratismus (Berdjajew). Das Christentum ist die schwierigste Sache auf der Welt. Wie Dostojewski im „Großinquisitor" gezeigt hat, fürchten sich die Menschen auf der Welt am allermeisten davor, frei zu sein. Deswegen können sie Christus auch nicht anerkennen, der ihnen diese Freiheit schenkt. Das „Charisma" sollte auf der Seite der Rechten sein (Dostojewski war ein Rechter), weil die Linken einen kollektivistischen Ameisenhaufen errichten wollen, wo „Steine sich in Brot verwandeln" und wo jedes Genie schon „im Kindesalter erstickt wird". Aber oft kommt gerade das Gegenteil heraus. Das Charisma ist auf der Seite der Linken, weil sie das Wagnis eingehen, weil sie sich nicht fürchten. Sie sind Maximalisten, sie wissen schöpferisches Tun, Persönlichkeit und geistige Freiheit zu schätzen.

Mit meinen Gedanken bin ich vielleicht öfter in der Nähe von Menschen, die im Westen als „rechts" eingeordnet werden, aber vom Typ der Persönlichkeit her eher bei den Linken. Es ist schwer, eine Emigrantin zu sein.

*

Mit Vergnügen betrachte ich die vielen Gesichter auf der Straße. Es sind viele schöne darunter, in allen Hautschattierungen. Was mich stört, ist die Erinnerung – in Europa hängen überall Plakate, die der Dritten Welt gewidmet sind: Beängstigend und voller Leid schaut eine Negerfrau mit ihrem Kind an der entblößten Brust auf uns, lachende oder bis auf die Knochen abgemagerte Gesichter von Negerkindern usw. Ausgedachter Kitsch, der mir jetzt das Wahrnehmen dieser Gesichter verdirbt. Wahrscheinlich versteht man nur in Rußland, daß die Demagogie trostlos und langweilig ist, und nicht nur das: Sie tötet den Geist.

Salvador, 9. 10. 86

Ich bin in Baja angekommen. Salvador gefällt mir noch mehr als Rio. Es gibt Häuser, die aussehen wie große Blumen, mit Ranken und Blüten, die kein Maß kennen. Viele befinden sich in halbzerfallenem Zustand. Bisweilen steht nur noch eine Fassade, und obendrauf wächst Gras, manchmal auch ein kleiner Baum – die Architektur geht über in die Natur, die Natur in die Architektur. Hier hat sich denn auch die Geschichte niedergelassen: Baufälligkeit und Zerstörung tragen den Stempel der Zeit. Heute gefällt die Geschichte an sich. Die Mehrzahl der Touristen reist um die Welt auf der Suche nach den Überresten aus alter Zeit. Als ob die eigentliche Geschichte heute abgeschlossen sei. Erfahrung wird keine mehr angesammelt. So sucht man sie in der Vergangenheit. Ruinen erzählen mehr als das, was neu ist und zu etwas dient. Und das nicht nur in Rußland.

Ich gehe in einen Buchladen. Da liegt, was man heute in Frankreich schon nicht mehr sieht: in erster Linie Che Guevara, Gorbatschow, Fidel Castro. Eine ganz neu herausgekommene Ausgabe von Lenins Schrift „Was tun?", die den Blick auf sich zieht. Es ist lächerlich, diesen veralteten Unsinn in solch moderner Aufmachung zu sehen.

Besonders schön ist die Kirche des heiligen Franziskus. Aber dort, direkt vor dem Portal, erblickte ich eine Menge Frauen, viele mit Kindern, viele schwanger. Sie haben sich auf einen Priester gestürzt. Anscheinend verteilte er Brot an sie. Diese Szene läßt keine Zweifel daran, daß hier tatsächlich Elend existiert, daß die Lage tragisch ist, daß man unverzüglich etwas tun muß. Und die Kirche bemüht sich darum. Ich wohne im katholischen College bei den „Schwestern vom Heiligen Sakrament". Sie leiten ein Heim und eine Schule für zweihundert Kinder, die praktisch keine Eltern mehr haben. Mein Eindruck ist trotzdem: Müßte man nicht noch opferbereiter sein, noch weiser? Das sage ich nicht in bezug auf die Schwestern (sie sind mit Arbeit überlastet), sondern überhaupt in bezug auf uns alle. Es ist wenig Liebe da (in mir zuallererst), und das ist der Grund dafür, daß es so wenig Erfindungsgabe gibt und auch so wenig Hilfe. Wie eine Flamme müßte man brennen! Aber wie phantasielos sind wir, wir können nichts Verrücktes tun, alles ist zu normal.

Hier in Brasilien beobachte ich voller Trauer den Riß zwischen dem „Geheimnis des Bruders" und dem „Geheimnis des Altars". Das „Geheimnis des Bruders" ist ein Ausdruck des heiligen Johannes Chrysostomus. Das Teilen des Brotes in der Meßfeier muß fortgesetzt werden im Teilen des Brotes im alltäglichen Leben. Aber sowohl in Europa wie leider auch hier in Brasilien trifft man bei jedem Schritt auf eine verkürzte und eindimensionale Art, an diese christliche Aufgabe heranzugehen, eine Eindimensionalität, die nicht selten hysterische Züge hat. In Brasilien, dessen Menschen so voller Feuer sind, in einem Volk, das so sehr betet und das auch den mystischen (nicht nur den „menschlichen") Sinn des Fastens ganz klar verstehen würde, sagte mir eine Nonne verbittert: „Seit dem Zweiten Vatikanischen Konzil fasten wir nur noch einen Tag im Jahr. Warum sollten wir auch fasten, wenn in unserem Lande sich so viele Menschen fast dauernd in einem Zustand des Fastens befinden?" Sie meinte, es sei an der Zeit, dieses mystische „Superflair" aufzugeben, angesichts der „wirklichen" menschlichen Probleme.

Und wieder erinnerte ich mich an unsere russischen Gläubigen, die alles entbehren: Gemüse, Obst, Fleisch, Butter, Käse. – Bei unserem kalten und rauhen Klima ist die Lage insgesamt schlechter als in Brasilien. Aber diese Christen fasten mit Enthusiasmus – fast den dritten Teil aller Tage im Jahr. Keiner käme auf die Idee, daß man wegen der schlechten Ernährungslage das Fasten lockern sollte.

Fasten – das ist nicht einfach „Abspecken". Es ist auch kein symbolischer Akt der Solidarität mit denen, die nichts zu essen haben. Fasten ist das Tor zur Rettung, die Umgestaltung des Fleisches, die Befreiung von den Fesseln der Welt, es ist Gehorsam Gott und der Kirche gegenüber.

Das Geistige hilft dem Physischen. Hier aber in Brasilien denken einige, daß der Geist der Feind des Körpers sei. Und das bei überfüllten Kirchen! Bei einem Volk, das so dankbar ist und eine solche Religiosität besitzt! Welch absurdes, teuflisch unerklärliches Paradox!

Ich war insgesamt zehn Tage in Brasilien. Selbstverständlich reicht das nicht für sichere Schlußfolgerungen, auch nicht für feste Meinungen. Und trotzdem ist klar: Das ist nicht Europa und nicht Asien. Selbst in der Luft ist eine solche geistige und physische Materialisierung, daß man sie greifen kann, sie ist richtiggehender Nährstoff. An den Orchideen hier sieht man das, die an den Bäumen festhaften und ihre Wurzeln nach außen stellen – sie leben von der Luft. Vom brasilianischen „Geist" bleibt für mich das Gefühl eines „mystischen Materialismus". Wäre ich noch Yoga-Anhängerin, würde ich sagen, daß es hier einen besonderen „Astral" gibt. Hier lebt etwas fort von der märchenhaften „atlantischen" Epoche, jenem eigenartigen Paradies, als die Menschen wie Medusen halb in der Luft, halb im Wasser lebten, als sie noch kein „Gewand aus Haut" hatten, das sie von der Natur und vom Kosmos abtrennt, als der harte und kalte Verstand noch schwieg. In Brasilien ist dieser paradiesische Festtag heute noch überall zu sehen – auf den fröhlichen Gesichtern, in der phantastischen Architektur, in der großen Zahl der Kinder, in der besonders heftigen Beweglichkeit des Lebens, beim Karneval, am Umstülpen von sozialem Oben und Unten (in Brasilien gibt es eine Vielzahl von Verbrechern, die Gefängnisse sind überfüllt), an den Ekstasen (den katholischen und den heidnisch-afrikanischen), an der Erotik, die überall durchscheint. Natürlich ist dieses Paradies nicht einförmig. Es ist doppeldeutig, gefährlich. Aber immerhin besser als die erstarrte Welt der reichen Länder.

Ich fürchte, daß mir nach dem brasilianischen Übermaß Europa wie ein Kontinent von Liliputanern erscheinen wird. Und dennoch sehne ich mich nach ihm.

In Deutschland, 5.2.87

Vor kurzem war ich in D. bei protestantischen Charismatikern. Als Gegengewicht zur positivistischen, niederdrückenden und langweiligen Exegese, zum Rationalismus vieler Theologen, der Bürokratie der amtlich verwalteten Großkirchen und dem Aktivismus des organisierten Verbandschristentums stellen die Charismatiker den „Heiligen Geist" in den Vordergrund: die unmittelbare Erfahrung, die Erfahrung der Bekehrung, das gemeinschaftliche Singen von Liedern, die Handauflegung, Seufzer, das Hochreißen und Öffnen der Hände. Das geschieht nicht immer so, daß es für mich völlig unproblematisch wäre. Aber manchmal fühle ich mich auf derartigen Versammlungen sogar ganz natürlich und „zu Hause". Bisweilen sind ihre Lieder ergreifend, ihre Aufrichtigkeit und Liebe zum Wunderbaren machen nur Freude.

Wie vieles andere auch kam die charismatische Bewegung aus dem protestantischen Amerika. Es gibt aber einige Aspekte der amerikanischen Frömmigkeit, die mir nicht nur fremd bleiben werden. Sie scheinen mir dem Christentum direkt entgegengesetzt zu sein. Man kann da etwa so etwas antreffen: Eine Millionärsfamilie (es sind Protestanten-Fundamentalisten) errichtet einen Vergnügungskomplex. Dort gibt es unter anderen Attraktionen auch den „Park des Evangeliums" und den „Berg Golgota". Es gibt auch kleine Kabinen für solche, die allein beten wollen. In jeder Kabine liegt auf einem kleinen Schemelchen ein Päckchen mit Papiertaschentüchern, für den Fall, daß jemand in den Zustand tiefster Rührung gerät und anfängt zu weinen. Dort ist auch in einem luxuriösen Hotel ein mit Gold verziertes Becken – für die, die sich taufen lassen wollen. All das bringt riesige Einnahmen. Aber darum geht es nicht einmal. Was verblüfft, ist die Atmosphäre des Narzißmus. In dieser Gesellschaft darf es nichts Störend-Verborgenes geben. Wichtig ist, daß der Mensch völlig schwach wird. Alles, was verborgen ist, kann drohend wirken, deshalb muß man das Unbewußte unbedingt „herauskommen" lassen. Eine Kultur des „Psi", wo jeder sich selbst entblößt, sich selbst bewundert und daherschwatzt, ohne darauf zu achten, ob man ihm Gehör schenkt. Früher dachte ich: Warum lächeln sie beständig? Es wirkte so, als sei es aus Güte, aber es war falsch. Sie lächeln aus Hypergeselligkeit. Sie stehen mit anderen Menschen in Verbindung, ohne mit ihnen Verbindung zu pflegen.

Die Transzendenz ist vernichtet worden. Eine unerträgliche Plattheit hat ihren Platz eingenommen. Dort, wo es keine Metaphysik gibt, herrscht das Banale.

Dasselbe habe ich vor kurzem in D. gesehen. Als ich mich dem Haus näherte, das den Namen „Jesu" trägt, bemerkte ich eine mit Großbuchstaben geschriebene Losung: „Jesus liebt dich!" Dann wurden zwei Stunden lang Lieder gesungen. Unerträgliche Melodien, mit Gitarrenbegleitung und mächtigen Verstärkern (ich wäre fast gestorben). Ein gewitzter, schlagfertiger und wendiger junger Mann erzählte, wie er Drogen genommen und Depressionen hatte. Dann fand er „Jesus", und sein Leben änderte sich von Grund auf: Jetzt hat er eine hübsche Frau, zwei Töchter, ein Haus usw. Nach dem jungen Mann hielt, süßlich lächelnd, der „Oberste" eine Predigt – eine derart verlogene Mimik habe ich in meinem ganzen Leben noch nicht gesehen. „Es gibt keinen beleidigten Gott" – in der Kirche ist jede Lüge doppelt groß, dreifach unerträglich. Ein besseres Theater kann man aus der Kirche nicht machen. Kein einziger Atheist fällt in seiner Heuchelei so tief, wie ein verlogener Christ fallen kann.

Und dennoch, als ich, schon fast kraftlos von diesem Lärm und Schauspiel, anfing von der russischen Kirche zu erzählen, war die Aufmerksamkeit aller groß. Der ganze Saal (etwa 900 Menschen) hörte zu und hielt den Atem an. Und als ich sagte, daß Sascha Ogorodnikov jetzt frei sei, da applaudierten alle leidenschaftlich und lange. Wie anders hätten sie ihrer Freude Ausdruck verleihen können? Diese Leute leben immerhin aus der Liebe heraus. Für sie ist es ganz selbstverständlich, Verfolgten zu helfen. Sie beten für alle. Sie schicken Bibeln, Geld. Die Liebe macht eine Vielzahl von Sünden wieder gut. An ihre Liebe glaube ich. Ich weiß, wie sehr sie von ihrem Gewissen gequält werden, weil sie im Wohlstand leben. Mit der Liebe wird alles überwindbar. Ich überwinde sogar meinen Widerwillen für den Kitsch, für das talentlose Estradentheater, und ich fühle: Das sind auch Gotteskinder, sie verstehen das Wichtigste.

Nicht immer geht es bei den Charismatikern so armselig zu. Sie haben auch ihre starken Seiten. Vor kurzem sprach ich in Basel, die ganze Kirche sang „Großer Gott, wir loben dich“, mir wurde wieder einmal klar, wie mächtig, schön und unbesiegbar die Kirche ist. Dieses ist ein altes, im Volk entstandenes Lied. Jetzt bezichtigen es die „Progressisten“ des Triumphalismus, die normalen Leute aber (hier sind es die „Konservativen“) singen es mit Begeisterung. Es ist gut, daß in den protestantischen Kirchen alle singen, das ganze Volk. Charismatiker sind sowohl Katholiken als auch Protestanten, und auch das ist gut: Sowohl die eine als auch die andere Kirche muß sich losreißen von verknöcherten Strukturen, muß die Langeweile überwinden.

Freunde stellen mir manchmal die Frage, warum ich bis auf den heutigen Tag umherreise und Vorträge halte. Das bringe mir doch so wenig geistigen Nutzen ein, und ich verausgabe mich sehr dabei. Doch das stimmt nicht ganz. Natürlich geht viel Kraft dabei verloren, aber (so hoffe ich) nicht umsonst. Ich blicke in den Saal, auf Hunderte verschiedener Gesichter. Sie müssen anfangen zu sprechen, anfangen zu leuchten als Antwort auf meine Worte. Ich kann nur dann sprechen, wenn ich Antwort, Zustimmung erhalte. Einige Gesichter, die so unbeweglich schienen, fangen an zu leuchten, wenn ich von der Liturgie spreche, andere, wenn ich von der Mutter Gottes spreche, wieder andere, wenn ich plötzlich etwas für mich selbst Unerwartetes sage. Es gibt aber auch solche, die beständig Licht ausstrahlen. Wie durch Fäden sind diese Gesichter mit dem meinen verbunden. Auf sie stütze ich mich. Selbst wenn ich sie nur mit einem Seitenblick streife, gerate ich in Begeisterung, in Freude und fange an, schöpferisch zu sprechen – das zu sagen, was ich gar nicht vorhatte zu sagen, was aber für mich reinstes schöpferisches Tun ist. Sogar der Dialog der Gesichter ist schöpferisches Tun. Alle diese Momente zwingen mich auch weiterhin zu reisen. Die innere Unruhe, das Risiko, das Aufgewühltsein lassen mich nicht zur Ruhe kommen, ich verliere den Faden meiner sonst üblichen Gedanken, bisweilen falle ich gleichsam wie in einen Abgrund hinein – das Risiko besteht nicht darin, getötet zu werden, es ist ein unendlich bescheideneres Risiko –, daß meine Worte nicht wahrgenommen werden, und dennoch bin ich froh, daß ich mich wenigstens ein bißchen opfern kann für das Gespräch über Gott. In einer Welt, wo sich die Worte abgenutzt haben, wo sie ihren Sinn verloren haben, kann nur das Opfer überzeugend sein.

Wieder in Patmos, April 1987

Patmos ist jetzt mit frischem grünem Gras bewachsen und mit Blumen übersät. Es ist das erste Mal, daß ich die Insel so sehe. Ein betäubender Duft; Mohnblumen stechen in die Augen. Und dennoch erscheint mir Patmos, wie früher auch schon, streng. Es weht ein südlicher kräftiger Wind – alles Unbedeutende ist verschwunden, hat sich verborgen, ist fortgeflogen. Hier auf der Insel gibt es keinen Zufall, auch keine Nichtigkeiten – alles ist ernsthaft.

Für einen Menschen, der außerhalb der Insel lebt, wird die Zeit immer kürzer und kürzer. Genauer gesagt: sie fehlt immer. Auf der Insel herrschen im Gegensatz dazu die Ruhe und die Gelassenheit des „ersten Tags der Schöpfung". Das Leben in ihren Klöstern läuft nach göttlichem Rhythmus ab, der nicht zur Eile neigt, ohne Hast, aber auch ohne Kraftlosigkeit – voller Spannung. Liturgiefeier, Morgen- und Abendgebete, Tage großer und weniger großer Heiliger – all das ist ein Bild aus göttlicher Zeit. Sie trägt auf Patmos den Sieg davon durch ihre zurückgewandte, nicht-renaissanceartige Perspektive. Das Majestätische ihrer Liturgie wird, so hoffe ich, auch dann noch siegreich über der Insel liegen, wenn ich wieder in den verrückten Äon des Pariser Lebens zurückkehren werde.

Auch der Raum außerhalb von Patmos ist ein anderer. Auch er existiert nicht mehr, er ist zum Derivat menschlicher Hast verkommen. Die Erde und der Himmel werden auf katastrophale Weise immer kleiner („Und der Himmel versteckte sich, er rollte sich zusammen wie eine Rolle Papier").

Auf dem Berg Patmos zeigt sich eine weiße Stadt (Chora) im Licht. „Sei gesegnet, sei gesegnet, neues Jerusalem." „Und die Stadt braucht weder Sonne noch Mond, die ihr leuchten" (Offb 21,23). „Und es wird dort keine Nacht geben, und sie brauchen weder das Licht einer Lampe noch das Licht der Sonne. Denn der Herr, ihr Gott, wird über ihnen leuchten" (Offb 22,5).

In der Ikone, die ganz von Licht überflutet ist, gibt es auch keine Lichtquelle. In ihr gibt es auch keine Schatten, genauer keine Schatten der Heiligkeit. All das kam mir in den Sinn, als ich durch die schneeweißen und engen Sträßchen Choras hinaufstieg, als ich mit Vergnügen die dicht aufeinanderfolgenden, aber hellen Schatten an den weißen Mauerwänden betrachtete – rein und in ihrer Einfachheit aristokratisch sind diese schweigsamen Sträßchen. Auf Patmos gibt es 300 Kirchen, Einwohner gibt es wahrscheinlich 2000 – viel mehr sind es nicht.

*

Die Insel Patmos (dieser ihr Teil, wo die heilige Höhle ist) ist nicht groß. Man kann sie auf einmal mit seinem menschlichen Blick umspannen. Ringsum ist die Grenze der Insel zu sehen – das Meer. Oft kommen mir die Worte des Psalms 104 in den Sinn: „Du verankerst die Balken deiner Wohnung im Wasser. Du nimmst dir die Wolken zum Wagen, du fährst einher auf den Flügeln des Sturmes ... Du hast die Erde auf Pfeiler gegründet; in alle Ewigkeit wird sie nicht wanken ..."

Hier wird, wie auch in anderen Psalmen, von der Größe des Schöpfergottes auf eine sehr menschliche Weise, mit kindlichem Entzücken gesprochen. Das Kleine und das Große der Natur personalisieren sich: „Einst hat die Urflut sie bedeckt wie ein Kleid, die Wasser standen über den Bergen. Sie wichen vor deinem

Drohen zurück, sie flohen vor der Stimme deines Donners. Da erhoben sich Berge und senkten sich Täler an den Ort, den du für sie bestimmt hast. Du hast den Wassern eine Grenze gesetzt, die dürfen sie nicht überschreiten; nie wieder sollen sie die Erde bedecken ..." Als ob dies von Patmos gesagt sei: Bei allem Geheimnisvollen und Rätselhaften dieser Insel kann man sehen, daß Gott selbst in seiner Allweisheit dem höllisch Elementaren und Unheimlichen seine menschlich-göttliche Grenze auferlegt hat. Und nur er zügelt die magischen, feurigen, katastrophalen Kräfte dieser Insel, die bereit sind durchzubrechen. Wenn du dein Gesicht abwendest, werden sie sich erheben. Ein Aufruhr, der sich in Apokalypse verwandelt hat – das ist Patmos.

Ich ging in die heilige Höhle hinein, küßte die Ikonen ehrerbietig, berührte die Vertiefung, die vom Kopf des heiligen Evangelisten Johannes herrührt, die Vertiefung, die von seiner Hand berührt wurde, die warme Wand, an der sich Prochor, der treue Schüler des Apostels, gelehnt hat.

Ich las ein Kapitel aus der „Geheimen Offenbarung". Die Worte nahmen in der Höhle Gestalt an. Plötzlich sah ich (schon nicht mehr allegorisch) den Himmel verschlossen und den Himmel offen stehend, das Feuer, das aus dem Maul des Drachen kommt, und Blitze und Stimmen und Donner und Erdbeben und die große Stadt.

Ich bin noch kein einziges Mal aus der Höhle herausgekommen, ohne gestärkt worden zu sein. Auch jetzt, wo ich nach Patmos gekommen bin mit einem Kopf und einem Herzen, die voll waren von nichtigen, völlig unbedeutenden, aber aufdringlichen Gedanken, bin ich frei von ihnen geworden während der zwei Tage, die ich im Kloster verbrachte und nachdem ich jetzt in der Höhle war. Das Kloster ist eine Stätte, wo man wirkliche Heilung findet. Ob man will oder nicht, man geht drei Mal am Tag (und ich tat es auch nachts) zum Gebet. Dieses Gebet wirkt wie ein Ring. Wer diesen Ring ergriffen hat, wird aus seinem eigenen seichten Wasser herausgeführt und hingeführt zu dem „neuen Menschen": „Als du jung warst, bist du selbst gegangen, wenn du älter wirst, wird man dich führen." Wie gut, daß es in meinem Leben das Fasten gibt, die Meßfeier, die Beichte – sie führen mich.

*

Heute haben wir die Höhle des Kinops gesucht, freilich ohne sie zu finden. Kinops war ein großer Magier, der zur Zeit des heiligen Johannes des Theologen auf der Insel lebte. Er vollbrachte Wundertaten. Er konnte zum Beispiel ins Meer springen und einen ganz beliebigen Gegenstand von dort heraufheben, was immer man auch wollte. Nach der Überlieferung hat der heilige Johannes der Theologe, als sich Kinops wieder einmal anschickte, ins Meer zu springen, gesagt: „Werde ein Stein"; der Magier verwandelte sich in einen Stein, den man auch bis zum heutigen Tag den Reisenden zeigt. Jener Zauberer war so mächtig, daß bis noch vor kurzem die Bewohner von Patmos (mit Decken) die Fenster zuhängten, die auf die Seite hinausgehen, wo seine Höhle liegt. Da ließ sich, um den Leuten die Angst zu nehmen, der letzte Einsiedler von Patmos in dieser Höhle nieder, der Starez Theoktist. Sein Porträt hängt im Kloster. Man brachte ihm das Essen. Einmal schrie einer, der mit dem Essen zur Höhle gekommen war, vor Entsetzen auf: „Schlangen". Der Starez beruhigte ihn: „Hier gibt es viele davon, wir leben friedlich zusammen."

Nach seinem Tod hob man seinen Körper, der fast kein Gewicht hatte, hoch und brachte ihn ins Kloster nach Chora.

Patmos lebt in der Atmosphäre des Wunderbaren, fast Märchenhaften. Aber stärker als alles ist der Geist des apokalyptischen Realismus, der Nicht-Verträumtheit. Die Strenge der letzten Stunde, die Notwendigkeit zur Reue.

London, 12. 6. 87

Von London aus sind wir ins orthodoxe Kloster des heiligen Johannes des Täufers gefahren zu dem wahrscheinlich einzigen Starez, den es in der Emigration gibt, zu Vater Sofronij. Leider haben die russischen Emigranten auch diesem einzigen Starez keine Wertschätzung entgegengebracht. Was soll man auch sagen, wenn man sogar in dem orthodoxen Institut des heiligen Sergej in Paris die Klöster nicht mag. Ein „protestantischer" Geist wurde schon von der ersten Emigrantengeneration in den Westen mitgebracht. Fast keiner der Professoren der Sergejer Kirche war je auf dem Athos, und sie machen auch keine Anstalten, dorthin zu reisen.

Vater Sofronij ist ein Schüler des berühmten Starez Siluan auf Athos (er hat ein Buch über ihn geschrieben). Vater Sofronij lebte lange auf dem Athos, dann wurde er krank und kam nach Frankreich, wo er der geistliche Mittelpunkt eines Kreises von Franzosen und Schweizern wurde, die den orthodoxen Glauben angenommen hatten. So etwas wie eine kleine Mönchsgemeinschaft bildete sich. In Frankreich war es damals, zu Beginn der fünfziger Jahre, schwer, einen geeigneten Ort zu finden und die Erlaubnis zur Gründung eines Klosters zu erhalten. So fuhren sie nach England hinüber. Inmitten von Feldern und unweit vom Meer stehen ein paar Gebäude. 7 Brüder und 10 Schwestern leben heute in diesem Klostern. Alle Nationen haben sich hier eingefunden: Franzosen, Deutsche, Schweizer, Rumänen, Griechen, Engländer. Und ein Russe: der 91jährige Starez. Schon lange hatten wir vor, zu ihm zu fahren, aber alle möglichen Beschäftigungen hielten uns immer wieder davon ab. Als ich vor kurzem erfuhr, daß der Starez schwer erkrankt sei, schrieb ich einen Brief und fragte im Kloster an, ob man ihn besuchen könne. Vater Hieronymus, mit dem zusammen ich im Institut „St. Serge“ studiert hatte, antwortete mir; am Ende des Briefes hatte der Starez auch ein paar Worte geschrieben. Der Brief war angefüllt mit Heiterkeit und Humor, was ich, die ich an die depressiven Briefe der Emigranten gewöhnt bin, zuerst gar nicht verstand. Wovon war die Rede? Was war das für ein Ton? Aber dann lachte ich die ganze Woche hindurch und freute mich. Dieser Brief war wie ein Sonnenstrahl aus einer anderen Welt, aus einer Welt ohne Sorgen und voller Licht.

Da sind wir nun bei dem Starez.

Man kann nicht sehen, ob er ein altes oder ein junges Gesicht hat. Es wird von seinem fröhlichen, sehr lebendigen Blick erhellt. Der Starez selbst sagte über seine Jugend: „In meinem Alter zähle ich die Jahre nicht mehr, sondern die Monate so wie ein kleines Kind.“ Er stirbt nur deshalb nicht, weil er auf der Erde noch sehr gebraucht wird. Im Kloster ist noch nicht alles fertig, noch nicht alles festgelegt. Manchmal plaudert Starez Sofronij von früher: „Als Starez Siluan noch lebte und wie beide ...“

Vater Sofronij ist ein weiser Mann und ein Intellektueller. Es ist das erste Mal, daß ich einen solchen Menschen sehe. Er war und ist Schriftsteller, Künstler, Philosoph. In ihm ist aber nichts spezifisch „Intelligenzlerisches“, keine erzwungene Expressivität, keine Introvertiertheit, Eigenwilligkeit, Ironie usw. Überhaupt zeichnet sich das Starzentum durch eine ungewöhnliche Natürlichkeit aus, es gibt nichts Mechanisches, alles ist unvorhergesehen, zufällig – unnötige Eigenschaften fallen gleichsam von der vollkommenen Persönlichkeit ab.

In Vater Sofronij ist die gleiche Aufrichtigkeit, die gleiche Freiheit und Kühnheit vorhanden wie in Vater Tavrion, der bei Riga lebte, und in Vater I. (in Petschory). Wir sprachen über vieles. Sogar das, was zuerst unwesentlich zu sein schien, stellte sich in der Folge als für mich sehr bedeutsam heraus. Das kennzeichnet auch eine Unterhaltung mit einem Starez: Sogar in dem, was zufällig ist, gibt es nichts Zufälliges. Der Zufall – nur dem Augenschein nach ist er unwichtig, in Wirklichkeit aber ist er uns dazu gegeben, damit Gott seine Freiheit offenbaren kann, damit wir nicht den Versuch machen, ihn in unsere Schemata und Vorstellungen einzuschließen. Und in allem liegt eine Unbefangenheit, die an Kühnheit, an Furchtlosigkeit grenzt. Furchtlosigkeit, warum? Weil die vollkommene christliche Persönlichkeit alle äußeren Waffen zum Selbstschutz verloren hat, weil sie beständig mit dem Risiko lebt. Aber sie ist doch stärker als die anderen, weil sie Gott in völligem Gehorsam absolut vertraut. Ihm gegenüber ist sie gelassen und ruhig. Die ungewöhnliche Schönheit resultiert gerade aus diesem gemeinsamen Vorhandensein der Extreme. Der Christ ist sowohl Zar als auch der letzte Bettler, der Gottesnarr.

Wir sprachen über Vater Siluan, über seine Theologie. Wir sprachen nicht über „verkopfte", „akademische" Entdeckungen, sondern über Entdeckungen aus dem Bereich der Erfahrung (Was anderes könnten theologische Entdeckungen auch sein?) Vater Sofronij glaubt, daß der Starez Siluan „die bedeutendste Gestalt im Christentum des 20. Jahrhunderts" war. („Eine geniale Gestalt", sagt der Starez. Dieses Wort ist das einzige, das in ihm den „Intelligenzler" offenbart.)

„Die Gnade der Verzweiflung." Vater Siluan hat sie entdeckt. Was heißt das? – „Halte deinen Verstand in der

Hölle, und verzweifle nicht." Die heutige Welt erinnert sehr an die Hölle. Deshalb kann man diesen Gedanken ganz direkt verstehen – auf dem Weg zur völligen Verzweiflung: „Wenn es scheint, daß du verdammt bist, kannst du immer noch zum lebendigen Christus kommen." „Halte deinen Verstand in der Hölle" – das kann man auch so verstehen: Werde so demütig, daß du wie der Schuhmacher aus Alexandrien alle Menschen im Paradies als Gerettete siehst und nur dich selbst – in der Hölle. Der Gedanke der Demut ist immer der wichtigste Gedanke in der Orthodoxie. Aber der Starez Siluan hat etwas Neues gesagt. Nämlich: es gibt zwei Aspekte, die menschliche Demut und die göttliche Demut. Der Mensch kommt zur Demut, wird demütig, er denkt, er sei niedriger als alle anderen, schlechter als alle, er nimmt seine Schuld auf sich. Die Demut Gottes hat dieses negative Charakteristikum nicht. So drückte Vater Sofronij es aus: „Wenn die Seele durch das Wirken des Heiligen Geistes Gott erblickt und sieht, wie sanftmütig und demütig er ist, dann wird sie selbst bis aufs äußerste demütig. Und das ist eine ganz besondere Demut, niemand kann sie beschreiben, sie wird nur durch das Wirken des Heiligen Geistes erkannt. Und wenn die Menschen durch die Hilfe des Heiligen Geistes verstehen würden – wie unser Gott ist, so würde sich alles ändern: Die Reichen würden ihren Reichtum verachten, die Gelehrten die Wissenschaften, die Herrscher ihren Ruhm und ihre Macht, und alle würden demütig werden und in großer Eintracht und Liebe leben, und auf Erden gäbe es eine große Freude."

Vater Sofronij hat vor kurzem noch ein wichtiges Buch geschrieben über seine Erfahrung der „Gottesschau". „Ich habe jene Offenbarungen, die der Starez Siluan hatte, nicht erreicht, und dennoch bewege ich mich analog zu ihm in der gleichen Richtung."

Mit dem Starez sprachen wir auch davon, daß es „keinen Propheten in seinem Vaterland" gibt. Das gilt um so mehr, wenn dieses „Vaterland" das Leben der Russen in der Emigration ist. Es könnte so scheinen: sowohl die tragische Erfahrung ist da als auch das Martyrium der russischen Christen und das bittere Brot der Fremde – aber Verstand ist keiner dazugekommen. Wir alle leben mit unserer Bosheit, unserer Parteilichkeit und unseren Beleidigungen. Vater Sofronij zum Beispiel lesen, achten und hören alle Christen, die ganze Welt. Sein Buch wurde in viele Sprachen übersetzt, nur die Russen wissen von ihm weniger als alle anderen, sie tadeln ihn und schenken ihm kein Vertrauen. Ein Bischof („mit dem ich vierzehn Jahre auf dem Athos zusammen gelebt habe") sagte: „Ich kenne ihn (den Vater Sofronij), so etwas konnte er nicht empfinden." Das sagte er über sein letztes Buch. Mit bitterem Humor bemerkt der Starez hinzu: „Natürlich haben wir darüber gestritten, wer von uns heute arbeiten sollte, wir haben das „Göttliche" im anderen nicht bemerkt." Die Äußerung des Bischofs N. erinnert an den Schrei des kleinen Jungen, der mit einem Stein in der Hand hinter einem anderen herläuft und schreit: „Gib's ihm, gib's ihm, ich kenne ihn!"

Danach sprachen wir lange mit Vater Hieronymus. Er versteht, daß es schwer ist, im Westen ein Kloster zu errichten. In ihren Klöstern gibt es so viele Mönche, wie es Sprachen und Nationen gibt. Ich gestehe, daß die in griechischer, russischer und englischer Sprache zusammengestellte Liturgie für mich nicht leicht nachzuvollziehen war. Selbst die Übergänge von der einen Sprache in die andere sind für das ununterbrochene Gebet schwer.

Vater Jeremias sagt: „Kloster – das ist der Starez, seine Liebe, seine Führung. Alles übrige ist Arbeit!"

Und in der Tat, das Gespräch mit dem Starez enthielt keineswegs die traurige Schwere einer „bezahlten Tätigkeit", es war ein Fest, die schöpferische Ausstrahlung des inneren Menschen, das Glück der Begegnung.

Von Vézelay nach Venasque

Mit M. fahren wir über die französischen Autobahnen. Ich kauere mich ganz zusammen. Was für eine Schwermut, was für ein Entsetzen ist in meinem Innern, wie sehr schäme ich mich! Versprengte Fleckchen von grünem Land, kleine Bauernhöfe und Wälder werden gleichsam erstickt von einem Netz von Wegen. Wie von einer Krake aus Asphalt. Als ob jemand verzweifelt versuchte, an die Oberfläche zu kommen, es aber nicht kann. Nicht zum ersten Mal quält mich in Europa die Klaustrophobie. Wie viele Male habe ich mir nicht schon gesagt, daß ich nicht mehr in ein Auto steigen werde, daß ich sie nicht mehr sehen kann, diese Autos. Wie gut, daß es in Rußland viel weniger davon gibt und daß statt der geteerten staubfreien Autobahnen undurchdringlich dichter Schmutz da ist, durch den man sich nur mit der Schnelligkeit einer Schildkröte vorwärtsbewegen kann.

Selbstsicher und selbstzufrieden jagt M. in ihrem Auto dahin. Der Weg ist übersät mit toten Igeln, bisweilen stoßen wir auf tote Vögel, auf Hunde, Hasen. „Kleine Todesfälle", an denen man vorbeirast, ohne darüber nachzudenken. „Seien Sie nicht sentimental, Tatjana", sagt die nach außen hin wie Metall klingende, geschmeidige Stimme M's. „Sie sind selbst schuld, daß sie unter die Räder geraten."

So begann meine erste, frei von Verpflichtungen, d. h. nach eigenem Wunsch ausgewählte Reise durch Frankreich. Nicht um Vorträge zu halten, sondern im Gegenteil: um zu hören, zu schauen, zu lernen. Auf unserem Plan standen einige Klöster und „heilige Stätten", von denen ich schon lange gehört hatte, zu denen zu kommen ich bisher noch keine Zeit hatte. Bestimmt sind diese Orte heilig, wenn ich mich schon jetzt so ärgere, Wut empfinde auf meine Begleiterin und unsere Reise selbst. Ich habe mich daran gewöhnt, daß vor jeder in meinem Leben wichtigen Begegnung, vor jeder Begegnung mit Gott, mich die Dämonen in Versuchung führen. Sie wollen nicht, daß ich auf das echte Frankreich stoße, auf das leuchtende, weise, majestätische, mit seiner großen Vergangenheit und seiner in der Tiefe verborgenen Gegenwart.

Vézelay

Wir kamen in Vézelay an. Die Kathedrale ist das flammende und weiche Gewand der heiligen, apostelgleichen Maria Magdalena. Das Licht ruft, wenn es sich mit dem rosafarbenen Stein vereinigt hat, ein Gefühl ungewöhnlicher Reinheit, Keuschheit hervor. Vom Wetter und von der Tageszeit abhängig, ändert sich nicht nur das Licht. Auch der Stein leuchtet jeweils anders auf, bald wird er schwer, bald löst er sich in der Luft auf. Etwas Irreales, Märchenhaftes (aber doch auch Harmonisches) tut sich dann auf. War die heilige apostelgleiche Maria Magdalena eine Träumerin? Sie war eine töricht im Übermaß Liebende. Dieser Stein ist ihre umgestaltete, zur Stille gewordene Leidenschaft. Die Menschen, die herumlaufen, scheinen irgendwelche Insekten zu sein, die es nicht verstehen, in eine Kirche hineinzugehen. Die Schönheit der alten Kirchen ist für Millionen von Menschen heute die einzige Predigt über Gott. Wie eilig es die Leute auch immer haben mögen, niemand bleibt unberührt, und das ist schon ein Schritt zum andächtigen Verstehen.

17.8.87

Und da ist auch das Frankreich der Gegenwart – die communauté Saint Jean. Eine Begegnung mit ihrem Begründer, dem Père Philippe. Wer ihn sieht, seine Gestalt, sein Gesicht, der erhält den Eindruck von Geist und Freude. Seine Schüler halten ihn für einen Starez, ich aber glaube, daß das Wort „maître" besser zu ihm paßt. Seine Augen strahlen Liebe und Licht aus, aber all das in einer sehr intelligenten, überzeugenden Weise – man spürt, daß er gewohnt ist, zu sprechen, zu lehren. Père Philippe und fünf seiner Schüler haben die Universität Fribourg (1975) verlassen und eine Mönchsgemeinschaft von Theologen und Philosophen gegründet. Der im Westen üblichen theologischen Lehre gegenüber verhält sich Vater Philippe ironisch: „Die Examen sind lächerlich, hier dominiert das formal-quantitative Prinzip, nicht aber das qualitative", und natürlich ist es lächerlich, Überlegungen über die Theologie anzustellen und Schlußfolgerungen zu ziehen, ohne Gebets- und Liebeserfahrungen zu haben. Die Mehrzahl der theologischen Schulen im Westen beschäftigen sich aber damit.

In die Gemeinschaft des heiligen Apostels und Evangelisten Johannes kommen immer mehr junge Leute. Die Ernsthaftigkeit zieht sie an. Anziehend ist zweifellos auch die Person des Lehrers – des Vaters Philippe.

Wie mir einer der Mönche sagte (es sind Dominikaner), ist das Prinzip ihres Lebens – die Armut. Vor allem die Armut im Geiste. Man muß der Kleinste und Unbedeutendste sein, wie es die Mutter Gottes war. Durch die Demut wird die Nähe zu Gott gefunden.

Vater Philippe sprach zu uns von den zwei Johannes.

Der eine, nämlich der, der der Lieblingsjünger Jesu war, schaut sein Kreuz, seine Kreuzigung. Ihm war es gegeben, die „Wüste des Leidens Jesu Christi" zu sehen. Mir kam der Gedanke, daß dies der Johannes unserer russischen, gekreuzigten Kirche ist.

Der andere Johannes ist der laute Rufer in der Wüste. Er ist allein, aber er weiß, daß Gott bald kommen wird und daß man ihm nur begegnen kann, wenn man in die Wüste geht. Mir schien, daß Vater Philippe hier von der westlichen Kirche sprach, die auch den Weg des Kreuzes geht, aber dieses Kreuz ist weniger sichtbar, die Christen sind einsamer. Um Gott zu begegnen, muß man in die Wüste gehen, weg vom Lärm und vom sinnlosen Strom der Information, weg von der billigen politischen Demagogie und der satten, halbtoten Gleichgültigkeit. Das Prinzip der „Wüste" wird von der Gemeinschaft mit der größtmöglichen Radikalität durchgeführt: Es gibt keinerlei Eigenreklame, keinerlei „Agitation" und Selbstlob. Im Gegenteil, sie haben sich vor der Welt versteckt, soweit das möglich war. Sie zu finden war auch nicht leicht, fern von allen Wegen und Städten haben sie sich angesiedelt. Und dennoch sollte ich zu ihnen sprechen! Aber wie sie zuhörten! Die jungen Gesichter leuchteten nicht wie die anonyme Schönheit einer Maske. Jugend, Frische, Offenheit – alle diese von der Natur gegebenen Eigenschaften haben sich in geistige verwandelt. Denn primär ist nicht das Weltliche, sondern das Christliche. Vor aller biologischen Jugend existiert die christliche Jugend und Furchtlosigkeit. Jugend – das ist die Möglichkeit, unbefangen, spontan, unvorsichtig zu sein. Die Möglichkeit, Fehler zu begehen und sie schnell zu vergessen, indem man das Vergangene aufgibt und sich dem Zukünftigen zuwendet. Nicht zu fragen nach Nutzen und Vorteil.

Heute trifft man selten geistig junge Leute. Der Westen erscheint mir alt, weil Utilitarismus und Berechnung Eigenschaften einer ängstlichen Bejahrtheit sind. Und wie gut ist es, daß ich jetzt hier vor mir Menschen sehe, die nicht bedrückt werden von dem Gedanken nach „Sicherheit".

Meine Erzählung war ein Gespräch in Form eines Dialogs mit diesen Augen, die jedes meiner Worte so verstanden, wie ich verstanden werden wollte. Dann stellten mir die Mönche Fragen, aber einer von ihnen sagte: „Wissen Sie, uns ist das alles so nah und verständlich, was Sie vom Leben in den russischen Klöstern erzählt haben, von Ihren neubekehrten Freunden, daß es nichts gibt, wonach man noch fragen könnte."

Und eine Heiterkeit war da, keine laute, eine echt mönchische Heiterkeit – so freut sich von Herzen der Kaufmann, der einen Schatz im Acker gefunden hat und sich beeilt, alles zu verkaufen, um den Acker zu erwerben. Der Kaufmann freut sich stillschweigend, er lächelt erfreut über sein Geheimnis.

17. 8. 87

Es war eine Meß*feier*, eine echte, streng in Form und Stil. Die Brüder tragen lange graue Gewänder. Sie singen Gregorianischen Choral. Ihr Gesang ist ruhig, gleichmäßig, kräftig. Er wirkt befreiend. Ihre Stimmen steigen nie zu weit in die Höhe, sie lassen sich nicht von der Ausdruckskraft fortreißen, geben sich nicht einer psychologischen Ekstase hin, sie steigen nur bisweilen hinunter zu mitfühlenden Niederungen. Dann wird ihr Gesang so, daß er bisweilen sanft abbricht, als ob es sich ganz verlieren wollte, und ihre Häupter senken sich auch in unaussprechlicher Schönheit liturgischer Geste.

Im Westen trifft man selten eine ähnliche Meßfeier. Dank sei dir, Gott, daß du mir dieses Frankreich gezeigt hast, das aus der tiefen Vergangenheit kommt, aber das allein auch in die Zukunft gehen kann.

Taizé, 18.8.87

Ich hatte schon viel von Taizé gehört. Noch in Rußland war ich öfters mit Taizé-Anhängern zusammengetroffen. Mein Freund Alexander Riga hat sogar versucht, dort etwas Ähnliches ins Leben zu rufen. Dafür war er in die psychiatrische Klinik gekommen und hatte sich der Gefahr ausgesetzt, dreißigmal Insulinschocks erleiden zu müssen. (Jetzt ist er, Gott sei Dank, wieder frei.)

Als wir in Taizé ankamen, sahen wir uns sogleich als Opfer einer lärmenden, sinnlos dahinhastenden Menge, die völlig ohne Gebetshaltung war. Einige Tausend junger Leute. Spanisch, Deutsch, Italienisch, Tschechisch und andere Sprachen sind zu hören. Spontan verspürte ich den Wunsch, wegzulaufen – nach der besonderen Stille des Klosters von Vater Philippe schien das alles Spott zu sein über Gott, ein leeres Spektakel.

Aber da sahen wir einen der Brüder. Wir erkannten ihn an seinem ernsthaft vertieften und für die Menge untypischen Gesicht. Er freute sich, unsere Bekanntschaft zu machen, und führte uns in eine ganz andere Welt, dorthin, wo im Gebet und in ruhiger Gelassenheit die Klostergemeinschaft lebt. Ein paar friedlich scharrende Hühner, der faule und gutmütige Nappo, ein großer, schwarzer Hund. Sowohl das Haus, in dem Frère Roger wohnt, als auch der Blick aus den Fenstern, der an Tschechow erinnert, haben etwas Grenzenloses, Traurig-Schönes, Stilles. Frère Roger spricht schnell und erregt. Sein Gesicht ist die Güte selbst. Es füllt sich mehr und mehr mit Freude – die Freude, so scheint es, wächst einfach über sich selbst hinaus und verwandelt sich in eine Art Seligkeit. Ja, man kann Frère Roger „selig“ nennen, jedoch selig auf westliche Art, ohne unerwartete Eigentümlichkeiten, ohne das Hinabsteigen in die Tiefe, ins Chaos, in das Nicht-mehr-Menschliche. Seine „Seligkeit" ist grenzenlos, wird aber dennoch gehalten von einer Form. Mit innerem Zittern vor Freude erinnert sich Frère Roger an die Begegnungen mit dem Patriarchen Athenagoras und mit dem Metropoliten Nikodemus. Und ich wußte nicht einmal, daß unser Metropolit Nikodemus in Taizé war, daß er hier die orthodoxen Ikonen geweiht hat. Diese Protestanten haben viele davon, auffallend ist, daß überall die Ikone der Gottesmutter zu finden ist, vor ihr verneigt man sich auch wie in der Orthodoxie. Zwei Kirchen mit Zwiebeltürmen erinnerten mich noch einmal an Rußland. Besonders die eine: Sie steht halb verborgen zwischen Birken und ist aus Holz; dort auf dem Boden stehen Ikonen, Kerzen, eine kleine Quelle ist da – alle Elemente preisen Gott, eine Atmosphäre des Kosmischen, die der westlichen Kirche ansonsten fremd ist.

Heute sind einige Tausend junger Leute in Taizé angekommen, mit ihnen werden selbstverständlich theologische Gespräche geführt, man wird sie im Beten unterweisen, wird mit ihnen über das Christentum sprechen. „Das Wichtigste ist", hebt Frère Roger hervor, „daß sie in ihre Pfarrgemeinden zurückkehren und dort arbeiten, hier in Taizé ist nur der Anfang." Natürlich stört dieser riesige Zustrom von Menschen, obwohl er auch Freude bereitet. Warum kommen auf einmal Tausende hierhergefahren, wo sie sich mehrmals am Tag dem Gebet und dem Schweigen widmen müssen? Frère Roger sagt, daß heute die ökumenische Bewegung nicht mehr so aktiv ist, wie noch vor zehn Jahren, daß jener „kleine Sproß auch klein geblieben ist".

Halb neun Uhr abends. Gemeinsames Gebet. Ein riesiges Zelt – das ist die Kirche. In der Dunkelheit brennen Kerzen, viele von ihnen brennen dort in der Tiefe des Zeltes, sie flackern froh und beharrlich: als ob die Seelen von Engeln untereinander ein Gespräch führten. 3000 Menschen sitzen auf dem Boden. Schweigen. Diese Menge erscheint mir jetzt nach dem, was ich tagsüber gesehen habe, wie ein Ungeheuer aus grauer Vorzeit, ein vielköpfiges Monstrum, das nur für kurze Zeit verstummt ist. Aber da erklingt das „Halleluja", und dieses „Monstrum" antwortet gedehnt, ruhig und mit Kraft: „Halleluja, Halleluja, Halleluja." Ein Herz, ein Flehen, ein Schrei zu Gott. Diese jungen Leute da sind mir fremd, ich habe einen anderen Schmerz, ein anderes Schicksal, aber wenigstens für ein paar Sekunden wird mir froh zumute, mein Herz ist gerührt. Der Gesang wechselt sich ab mit dem Lesen der Bibel in fünf Sprachen (sogar in Russisch), dann folgen lange Pausen, angefüllt mit Schweigen. Und wieder weich und langgezogen: das „Kyrie eleison".

Nach etwa vierzig Minuten gehen wir auseinander. Und am nächsten Morgen wieder Gebet. Mir scheint, daß man in Taizé die Form gefunden hat, die am besten geeignet ist, im Gebet Tausende von Menschen zu verbinden, Menschen, die nicht dieselbe Sprachen sprechen, Menschen aus verschiedenen Konfessionen. Hier hat man sich nicht etwas ausgedacht, man hat nicht versucht, Begeisterung hervorzurufen anhand von moderner elektronischer Musik oder von Liedern zur Gitarre: die Brüder verwenden alte (katholische und orthodoxe) feierliche Gesänge. Und dieser Gang in die Tiefe dient gleichzeitig der Erweiterung und dem Zusammenschluß aller.

Lange und vergnügt sprachen wir am nächsten Tag, vor unserer Abreise aus Taizé, noch mit Bruder Arnim;

er kennt unsere Freunde in Moskau und Leningrad und verfolgt ihre Schicksale. Er schenkte mir Photos, die schon vor zehn Jahren aufgenommen worden sind und auf denen ich mit Anna-Maja zu sehen bin – vor unserer Lieblingskirche in Leningrad.

*

Auch nach dem Besuch von Taizé muß ich sagen: Für mich ist es ein Rätsel geblieben, warum die Menschen die Masse so sehr lieben. Möglicherweise ist der Mensch in der heutigen Welt schon völlig einsam geworden, so daß es ihn freut, einem „Kollektiv" anzugehören. Wieviel unangenehm unruhige, nicht-reuevolle, junge Gesichter habe ich hier im Westen gesehen, und auch Gesichter ohne Alter. Es ist bedrückend, das zu sehen. In Rußland trifft man so viele innerlich hohle junge Leute nicht.

In den ersten Jahren meiner Emigration, als ich oft Vorträge hielt vor Tausenden westlicher junger Menschen, freute ich mich: Wie klug sie schon sind, sie haben sogar in der materialistischen westlichen Welt zu Gott gefunden. Dann begann ich zu bemerken, daß es durchaus nicht Gott ist, der viele von ihnen verbindet. Die meisten treten in diese christlichen Jugendbewegungen ein, weil es nichts anderes gibt, dem sie sich anschließen könnten. Sie suchen Freundschaften, freundschaftliche Beziehungen, ihren Kreis, die Mädchen halten Ausschau nach einem Bräutigam. Nach dreißig Jahren, wenn sie sich dann eine Familie, ein Haus, zwei Kinder angeschafft haben, verläßt die Mehrzahl der jungen Leute diese Bewegungen. Damit ist das Prinzip klar: Solange du jung bist, kannst du die ganze weite Welt durchreisen, kannst dich unter deinen Altersgenossen herumdrücken, von einer allgemeinen Einheit, von Frieden und Brüderlichkeit träumen, aber dann fordert das ernsthafte, bürgerliche Leben seine Rechte. – Und dennoch sucht das Herz eines jeden Menschen Gott, und man muß sich freuen, daß es einen Ort gibt, wohin diese jungen Leute fahren können.

Natürlich besitzen auch heute die Worte Jesu Christi Geltung: „Und alle sollen eins sein: Wie du, Vater, in mir bist und ich in dir bin" (Joh 17,21), aber wie soll man diese Einheit verstehen, wie kann man diese unteilbare Kirche finden? Viele begeistern sich einfach an dem Wort „Einheit": „Jugendliche aller Länder, vereinigt euch", „Christen aller Konfessionen, vereinigt euch", „Proletarier aller Länder, ..." und so weiter. Letztendlich kommt heraus: „Touristen aller Länder, vereinigt euch!"

Der Idee einer „Vereinigung" gegenüber bin ich heute skeptisch. Die Christen im Westen haben sich bis heute mehr durch ihre Gleichgültigkeit als durch ihren Glauben „verbunden".

Je länger ich in der gleichgültig touristischen Welt lebe, desto mehr schätze ich die Reste des Christentums, die in der Tradition des Volkes verwurzelt sind. Für mich gibt es keinen Christen außerhalb seiner Geschichte und der „leiblichen" Dimension seines Glaubens. Ökumene war vor zwanzig Jahren wichtig. Man mußte aufeinander zugehen, Brücken bauen, Mauern einreißen, die sich im Verlauf der Geschichte aufgetürmt hatten, und es ist auch heute unerläßlich, daß es geistliche Bewegungen gibt, in denen Christen der verschiedenen Konfessionen zusammenarbeiten können. Aber die wesentliche Aufgabe heute ist nach meiner Überzeugung eine andere. Der Weg muß in die Tiefe gehen. In die Tiefe zu gehen, das ist der einzige Ausweg: ernstlich beten, ernsthaft seine eigene spirituelle Tradition, die Askese, die Liturgie entdecken, ein neuer

Mensch werden, aber kein Romantiker – das ist die Chance des Christentums auch im Westen. Gerade jetzt ist die Zeit angebrochen für diese Ernsthaftigkeit.

Die Gefahr der Oberflächlichkeit ist sonst zu groß. Natürlich ist uns die Aufgabe der Einheit gegeben: „auf daß ihr alle eins seid". Manche sagen sogar, daß die konfessionelle Verschiedenheit nur eine optische Täuschung sei, hinter die man zurückfinden müsse zur Einheit. Ich meine jedoch, daß diese Einheit nicht eine oberflächliche organisatorische sein kann. Wirkliche Einheit muß in die Tiefe gehen, und sie ist so verborgen vor uns, daß wir Sie nicht sehen können. Wir können auch im anderen nicht das Ganze entdecken.

Wir müssen uns freilich immer sagen, daß wir begrenzt sind, daß wir nur da leben können, wo wir stehen. Als russisch-orthodoxer Christ bin ich selber sehr begrenzt. Aber Gott hat mir diese Tradition geschenkt, ich habe sie gesehen, ich habe sie angenommen und liebgewonnen. Man sollte seine eigene Tradition nicht verstecken. Die Differenzen zu den anderen sind nicht nur negativ, sie dürfen bleiben, sie sind mit unserer Begrenztheit mitgegeben. Auch unsere Armut müssen wir anerkennen. Natürlich sollen wir ganz aufgeschlossen sein für die Liebe. Aber die Liebe ist eine Gnade. Man kann sie nicht künstlich als Postulat aufstellen: Ich liebe die ganze Welt. Auch ein solcher Universalismus wäre eine Lüge. Ich kann andere anerkennen, auch ohne Liebe – so schwer das fällt. Aber ich kann auch lieben und dabei den anderen in seinem Anderssein belassen, ohne ihn zu vereinnahmen und ohne so wie er sein zu wollen.

Die Mehrzahl der durch Zusammenschluß entstandenen Gruppen und Gemeinschaften scheint mir heute künstlich, unecht zu sein. Das echte Christentum wächst aus dem Erdboden wie ein Baum, wie Gras, wie die Kathedrale von Chartres.

Deshalb hat Frère Roger so oft wiederholt: „Man muß Taizé vor Taizé retten.“ Er meint: Man muß den Geist der Einfachheit, der Demut und der Freude retten vor dem äußerlichen Menschen und seinen mit Staub bedeckten, breiten Wegen.

Barrou, 19. 8. 87

Guter Gott, das habe ich gar nicht gewußt, daß es im Westen eine solche Meßfeier gibt! Fülle, Feinheit, Ernsthaftigkeit, Geheimnis, Licht, Erneuerung – ja, das ist ebenso wie unsere orthodoxe Liturgiefeier auch, sie kam aus dem himmlischen Jerusalem zu uns. Wir hatten uns verspätet, waren gerade angekommen und konnten so nur noch die letzten Minuten des Gottesdienstes im Kloster der heiligen Maria Magdalena in Barrou miterleben. Und diese wenigen Minuten genügten, mich mit völlig neuem Leben zu erfüllen: Wie lange schon bin ich auf der Suche nach einer ähnlich kräftigen Speise.

Fünfzig junge Mönche (ihr Durchschnittsalter liegt bei 25 Jahren) sind vor kurzem hierhergekommen, von dem Satz angezogen, daß „nach dem Gottesdienst das ganze Leben sich in Gottesdienst verwandeln müsse". Es ist merkwürdig und hat mich tief berührt, daß meine Freunde und ich in Leningrad gerade diese Formulierung auch gebraucht hatten. Die Mönche gleichen Engeln, und das nicht nur während der Zeit des Gebets: Im Kloster herrscht das Gesetz der Stille, hier bewegt man sich, liest und lebt „unter den Augen Gottes". Es ist eine Schande, vor Gott als häßlicher Mensch hinzutreten. Alles, was der heilige Benedikt in seinen Regeln geschrieben hat, wird bis ins kleinste in die Tat umgesetzt. Siebenmal am Tag Gebet, das achte Mal beten sie in der Nacht; dazu kommt die Lektüre der heiligen Väter (ein Mönch hat mir gesagt, daß sie vor allem die alten griechischen und lateinischen Väter lesen, aber auch Thomas von Aquin, den sie von seinen Schülern, den Scholastikern, abtrennen). Im 16.–17. Jahrhundert bricht der Lesestoff ab, die karmelitische Spiritualität scheint ihnen schon nicht mehr genügend ausgeglichen zu sein.

Hier duldet man keinen Eklektizismus: Die Meßfeier mit dem gregorianischen Gesang ist streng katholisch (ohne orthodoxe oder protestantische Einstreuungen), das Leben wird einem alten und ewigen Rhythmus untergeordnet, es ist streng, einfach, majestätisch. Das einzige neue Moment sind russische Ikonen. Sie hängen in der rechten Weise da. Nicht irgendwie daneben, als kokette Verzierung (wie man das oft in modernen westlichen Kirchen sieht), sondern immer im Zentrum, bei strenger Beachtung der Gesetze der Symmetrie – anders ausgedrückt, der Gesetze der Asketik, in denen nichts vorhanden ist von Gefühls-Lyrik und innerer „Stimmung". Das Gebet soll direkt zu Gott aufsteigen, und dafür ist die maximale Einfachheit der Vertikalen und Horizontalen notwendig.

Im Gespräch mit Dom Gérard rief ich ganz spontan aus: „Es ist offen ersichtlich, daß Sie sich nicht um die Ökumene kümmern, ich kann Ihnen aber sagen, daß für mich Ihr Leben hier wirklich echte ‚Ökumene' ist, weil Sie durch dieselbe enge Pforte gehen wie die orthodoxe Kirche auch. Sie sind auch ernsthaft im einzig Wichtigen, ich fühle mich bei Ihnen fast wie zu Hause." Der heute geforderte „Ökumenismus" ist vor allem Liebe zur eigenen Tradition, in die Millionen gläubiger Seelen jahrhundertelang den Reichtum ihrer Hoffnungen hineinlegten, das ihnen Teuerste, was eine Menschenseele hervorbringen kann. Die Meßfeier ist Offenbarung und muß sich öffnen, weil sie ein Geschenk Gottes ist. Es ist für einen orthodoxen Christen absurd, den Gottesdienst nach seinen eigenen subjektiven Vorstellungen zu gestalten. Experimente auf diesem Gebiet sind nicht nur sinnlos, sondern auch schädlich – wir töten das geistige

Leben. Und um einen Leichnam zum Leben zu erwekken, dazu haben wir nicht die Kraft. Deshalb gibt mir der Besuch moderner katholischer Gottesdienste so oft gar nichts.

Im Gespräch mit anderen jungen Mönchen (es war Mittwoch, der einzige Tag, an dem die Mönche mit den Besuchern sprechen konnten) haben wir noch ein anderes Thema angeschnitten. Ich war natürlich etwas verwirrt von der Tatsache, daß das ein Kloster war, das dem Monsignore Lefebvre (in meiner Vorstellung ein „Schismatiker") nahestand, aber ich habe keinerlei Anzeichen für „Sekte" gefunden: Es gab kein Wort der Selbstverteidigung oder der Beschuldigung anderer oder Angst. Alles trägt in sich die Spuren höchster Ernsthaftigkeit und eines so erfüllten und frohen Lebens, daß es lächerlich ist, von einer Sekte zu sprechen. Aber ich stellte dennoch die Frage, wie ein Mönch die gegebene Situation aufnimmt. Die Antwort war: „Ich bin hierhergekommen, weil ich gerettet werden will, das übrige aber ist nicht so wichtig." Dies wurde auf so orthodoxe Weise gesagt (wo sonst noch im Westen hört man solche Worte über den Wunsch, gerettet zu werden), und es wurde auch so verstanden, daß ich nach nichts weiter fragte.

*

Auf dem Weg zum Kloster der heiligen apostelgleichen Maria Magdalena besuchten wir die frühere Zisterzienserabtei Venasque. Mächtige, wahrhaft kosmische Räume. Nackte Wände – keinerlei Schmuck, nichts. Kleine Fenster – das Licht wird nur ganz sparsam hereingelassen, aber dort, wo es durch die Mauern dringt, belebt es alles mit solcher Intensität, daß die Einfachheit sich in Potenz, in Macht verwandelt. Die Erbauer dieser Gotteshäuser haben am allerwenigsten an die Ästhetik gedacht, aber selten trifft man eine feinere und erhabenere Architektur.

Schmucklosigkeit, Einfachheit, äußerste Askese – das ist es, was ich als Eindrücke von dieser echt katholischen Architektur mitnehme.

Unsere Kirchen in Rußland sind durch etwas anderes anziehend. Es ist interessant, daß mein großer Lehrer, Vater Wilhelm Nyssen, ein Priester aus Köln, mir geholfen hat, die byzantinische Architektur und die romanische Architektur zu vergleichen. Bei meinen Begegnungen mit diesem Menschen (er ist die Wärme selbst, die Heiterkeit, Großzügigkeit und die Tiefe der Weisheit!) verstand ich allmählich, warum ich orthodoxe Kirchen dennoch allen anderen Kirchen vorziehe. Vater Wilhelm Nyssen ist einer jener Gelehrten im Westen, die den Osten nicht schlechter, sondern vielleicht sogar besser verstehen als wir selbst.

In den byzantinischen Kirchen sind die Wände ganz bemalt, voller Farbe. Farbe und Duft müssen überall sein. Der Gläubige muß mit allen Sinnen reagieren! Das, wovon in der Liturgiefeier gesungen wird, ist auf den Wänden abgebildet, auf den Ikonen, eine unendliche Multiplikation des Ereignisses – der Gläubige badet im Ozean göttlicher Liebe, in einem Meer der Schönheit und Allweisheit. In einer orthodoxen Kirche gibt es keinen besonderen Ort, wo es mehr Helligkeit gibt als an anderen: Es gibt auch keine Skulpturen, die wuchtig dastehen und den Blick auf sich ziehen. Der ganze Raum ist auf gleiche Weise heilig.

Die Ästhetik der Einfachheit trägt eine Gefahr in sich. Sie besteht darin, daß diese Einfachheit, diese Ästhetik plötzlich negativ, tötend werden können (Vater Wilhelm Nyssen sprach von der Beziehung, die zwischen der Härte des Bernhard von Clairvaux und seinen Zisterzienser-Bauten besteht). Der frühe Rationalismus ist in den provenzalischen Kirchen ganz spürbar. Wir Orthodoxen brauchen den Festtag, die Überfülle an Schönheit – damit ja kein Platz mehr bleibt für die Kälte des Zweifels und der Gleichgültigkeit.

Indien, 2. 12. 87

In Europa mußte ich mehr als einmal hören, daß das Christentum keine Religion sei. Sein eigentliches Ziel sei die Schaffung einer „Gemeinde“ hier auf Erden, einer Gemeinde ohne Transzendenz. Es hat Leute gegeben, und sie waren nicht einmal sehr dumm, die gesagt haben, daß das Christentum seiner Natur nach dem Marxismus näher sei als dem Buddhismus oder Hinduismus. Dieser platten Wahrheiten bin ich so überdrüssig geworden, daß ich ihre Schwere von mir abschütteln wollte und damit auch die ganze allzu menschliche europäische Wohlstandswelt, die so bleiern auf mir lastet. Nach Rußland läßt man mich nicht. Es gibt aber noch einen anderen Osten: Indien.

*

Flugzeug. Bombay. Vom Flughafen fahren wir in die Stadt. Auf beiden Seiten des Weges: ein unvorstellbarer Anblick, etwas, was ich noch nie gesehen habe. Schmutzige, enge Elendsviertel und Slums gab es auch in Brasilien. Aber hier herrscht ein metaphysisches Elend. Da brennen Holzstöße, um sie herum eine Vielzahl von Körpern, bekleidet oder nackt. Manche schlafen. Andere scheinen zu sterben. Ein Duftgemisch von Rauch, Abfällen, Gewürzen, Weihrauch. Das Exotischste und Unvorstellbarste wird hier alltäglich: Ein riesiger schwarzer Elefant stapft mit feierlicher Würde in den Abfällen herum. In den Abfall- und Wassergruben tummeln sich Menschen von unvorstellbarer Schönheit, Alte mit grauen Bärten und geschmeidigen Bewegungen. Andere mit grell bemalten Gesichtern sitzen unbeweglich daneben. Jemand stimmt leise ein Lied ein. Sind es Mantras? Ein anderer tanzt und schlägt sich mit einer Riemenpeitsche, wobei er sich wiegt und biegt wie ein Halm im Lufthauch. Mitten in dem unheimlichen Schmutz wächst grünes Gras von durchdringender Farbe. Die Kraft des Lebens ist so groß, daß auch der Tod kein Tod zu sein scheint. Im Gegenteil, der Tod herrscht überall, deshalb hat auch das Leben kein Ende. Wellen des Geborenwerdens, Wellen des Sterbens. Und menschliche Aktivität, Absichten, Resultate stören sie nicht. All das ist Illusion, der Schleier der Maja.

Der Mensch, der aus den Händen Gottes kam, ist arm und nackt. Diese Nacktheit hat nichts „Unanständiges", das „Fleisch" wird gar nicht wahrgenommen. Deswegen gibt es auch nichts Äußerliches, nichts, was einen Menschen in der Umgebung von Kühen, Schafen, Hunden in eine schändliche Lage bringen könnte.

Alle leben von der gleichen, an Vorrat reichen Abfallgrube, und es bleibt noch etwas übrig. Als letzte kommen die Vögel angeflogen. Tiere haben ihr eigenes Leben, gleichberechtigt mit den Menschen. Wie sehr liebe ich das sanfte und weise Gesetz der Ahimsa. Nicht töten, keine Gewalt anwenden. Und als Gandhi im englischen Parlament über die Liebe der Inder zu den Kühen sprach, erklärte er: „Indem wir es ablehnen, sie zu töten, solidarisieren wir uns mit allen schweigend leidenden Kreaturen." Keinerlei Nützlichkeitsüberlegungen und auch nicht sogenannte ökonomische „Sachzwänge" und politische Argumente werden aus diesen Seelen das Wissen von der kosmischen Brüderlichkeit herausreißen.

Es gibt freilich auch Situationen, die etwas Komisches an sich haben. Die Zeitungen berichten etwa, das Gastspiel eines sowjetischen Balletts sei mitten in der Aufführung des „Schwanensee" von einer Katze unterbrochen worden. Dieser Kater war auf die Bühne gekommen. Die Tänzer bemühten sich, ihn zu übersehen, so zu tun, als ob gar nichts wäre. Die Inder rühren nämlich Katzen nie an, sie geben ihnen die Freiheit. Und dieser Kater zog also die ganze ungeteilte Aufmerksamkeit des Publikums auf sich.

Die indische Religiosität widersetzt sich dem Diktat des „Fortschritts" und der sogenannten Zivilisation. Wenn man diese Menschen beobachtet und sieht, wie gelassen und ruhig sie in einer Situation bleiben, in der Europäer sich die Haare raufen und wie verrückt hin und her rennen würden, dann versteht man, daß diese Welt des Scheins für sie nicht die wichtigste ist. Um so lächerlicher wirken angesichts einer solchen Gelassenheit die Bedürfnisse, die unsere gottlose westliche Zivilisation produziert hat, sie werden offenkundig als das, was sie sind: Artefakte, künstliche Geschöpfe. Es ist leichter, irgendein afrikanisches Land zu „zivilisieren", wo der Fortschritt sich zusammen mit der säkularisierten europäischen Weltanschauung einstellt. Offensichtlich ist das Christentum anfälliger für die Säkularisierung als der Hinduismus. Nur Rußland bleibt noch eine „buddhistische Kuh", wie Friedrich Nietzsche gesagt hat. „Mein weißes Indien" (Kljuev). In diesem weißen Indien geschieht die Ablehnung des bloß praktischen Nutzens aber nicht nur aus religiöser und aristokratischer Verachtung, sondern auch einfach aus einer Haltung des Nihilismus heraus: Mag doch alles zum Teufel gehen! Dostojewski und der Starez Siluan haben das „Indien des Geistes" so erklärt: Bei den Russen ist alles in die Liebe zu Christus hinübergegangen. Für etwas anderes reichten die Kräfte nicht mehr.

Je stärker, hierarchischer und gedrängter die Welt der Götter ist, desto mehr Anarchie gibt es offensichtlich im

Leben des Menschen. Vivekananda, Aurobindo, Gandhi stehen dem Anarchismus nahe – und sie sind führende indische Geister. Wieder kam mir ein Vergleich mit Rußland in den Sinn: Einerseits das strenge hierarchische Bewußtsein im kirchlichen Leben, wo alles nach seinem Rang seinen Platz hat, und das Gefühl grenzenloser Freiheit, die „Weite" des russischen Menschen andererseits. Das sind die beiden Extreme. Je transzendenter Gott erfahren wird, je unzugänglicher er ist, je wichtiger Ritual und Kult sind, desto größer ist auf der anderen Seite auch das Gespür für seine Liebe und Barmherzigkeit. Die großen orthodoxen Asketen haben von den sündigen Schuhmachern aus Alexandrien gelernt. Als Mittlerin für alle und als Vertreterin der nichthierarchischen Liebe steht die Gottesmutter da, durch ihre Demut werden alle Hierarchien aufgehoben, und der Mensch erhebt sich zu Gott.

Die Russen sind der Geschichte gegenüber fast ebenso gleichgültig wie die Inder. Heiligkeit liebt die Eile nicht, sie lebt jetzt und in diesem Augenblick. Deshalb sind nicht die „Ergebnisse" wichtig, das, was bei einer „Handlung" herauskommt. Wieviel fehlende Liebe Gott gegenüber verbirgt sich in dieser Fixierung auf die „Resultate"! Ich kann nicht einfach leben nur aufgrund seiner Anwesenheit, ich brauche unbedingt eine Belohnung dafür, daß ich mich abmühe! Wichtig ist doch, *wie* eine Handlung vor sich geht. Jedes unnütze Wort und jede überflüssige Geste sind sündhaft. Für den Inder ebenso wie für den orthodoxen Christen verwandelt sich das menschliche Leben in Gottesdienst, in feierliche Liturgie. Menschliche Handlungen werden zu Akten der Askese. Im westlichen Christentum dagegen steht meist das Tun im Zentrum; Aktivismus und Praxis sind die Hauptsache, und das innere Leben rangiert entweder ganz am Ende der Wertskala oder aber es wird überhaupt nicht anerkannt.

Klar ist, daß wir alle uns als Christen nicht außerhalb der Geschichte befinden, sondern mitten in ihr leben. Der Logos selbst hat Fleisch angenommen und ist in die Zeit eingetreten. Deshalb hat auch unsere asketische Ewigkeit ein Gesicht, sie ist nicht das „Häufchen Salz", das vom Ozean des Göttlichen aufgelöst wird (übrigens ein im Hinduismus häufig verwendetes Bild). Der Unterschied des Christentums zum Hinduismus ist die personale Sicht der Wirklichkeit, Gott wurde eben gerade ein *Mensch*. Während in Indien zum persönlichen Moment das Unpersönliche als eine noch viel stärkere Realität hinzutritt.

In Europa erscheint aufgrund des äußeren Wohlstandes das Leben wie ein Traum. Hier in Indien zeigt sich dieses Leben nur allzu real: Diese Anhäufung von Leiden und Leben, diese Vielzahl von Göttern und Opfern, Gerüchen, Staub, Hitze – mein Unterbewußtsein kann nicht alles in sich aufnehmen (obwohl das Bewußtsein sich freut über den Reichtum und das Neue). Ich werde fast krank. C. G. Jung hat darüber geschrieben, wie nützlich es für den Europäer sei, nach Indien zu reisen – wieviel neue, unbekannte Reaktionen er in sich entdecken wird, wie er es lernen wird, seine eigenen Grenzen zu sehen.

Welch verschiedene Welten! Die indische Stadt (eine Französin sagte, sie sei „von der Kuh aufgebaut") wie auch die indische Logik machen die Peripherie zum Zentrum. Alles Zufällige und am Rande Liegende ist zentral. Wie weit entfernt ist das von der Ordnung und der „Perspektive" rational angelegter europäischer Städte. Auch die Menschen hier sind gewandter, biegsamer, schlanker – im Vergleich zu ihnen sind wir Europäer richtiggehend hölzern und plump: wir, die wir uns bedenkenlos aus dem Kosmos herauslösen wollen. Der Europäer – das ist Wille und abgeschlossener Selbstbezug, eine monadische Welt in sich selbst, die die umgebende Welt erobert. In Indien aber gibt es, so kommt mir vor, die Vorstellung von Äußerem und Innerem nicht. Ein Yoga-Anhänger kann, wenn er sich in der Meditation vergessen hat, alle Flüsse und Meere der Erde austrinken, ein anderer kann, wenn er gebetet hat, den Ganges vom Himmel auf die Erde herunterholen. Aus einer einzigen am Anfang aller Zeiten vorhandenen Schale sind Götter und Ziegen entstanden, die Sonne aber ist das Haupt des Vischnu. Verstehen war in Indien nie ein „Begreifen“. Und es geht auch nicht um die von Erich Fromm beschriebene Alternative von „Sein“ und „Haben“. Zu einer solchen Zweiteilung ist es in Indien nie gekommen. Die Unteilbarkeit des indischen Gedankens zeigt sich zum Beispiel auch an folgendem Paradox: Wir begegnen einem in Lumpen gekleideten Bettler, der um Almosen bittet, aber einen Diamanten am Hals trägt. Offenbar ist ihm diese Sache aus irgendeinem Grund besonders teuer, und eher ist er bereit zu sterben als sich von ihr zu trennen. In diesem Diamanten fallen für ihn „Sein“ und „Haben“ zusammen.

Nepal, 15.12.

Zwei Wochen schon lebe ich jetzt in der Tempelstadt Katmandu. Heilsam wirkt auf mich die Atmosphäre einer andächtigen Ehrfurcht. Einer Ehrfurcht, die nach oben schaut und die voller Vertrauen ist. Eine Haltung, die ebenso wie das Geheimnis aus Europa fast verschwunden ist. Mir scheint, als sei sogar im atheistischen Rußland die Atmosphäre des vertrauensvollen Emporschauens viel stärker spürbar als im Westen. Denn selbst atheistische Touristen werden bei uns unwillkürlich von Ehrfurcht berührt, wenn sie eine Kirche betreten, die in ein Museum umgewandelt worden ist, wo seit unerdenklichen Zeiten kein Gottesdienst mehr gefeiert wird und wo schon lange niemand mehr gebetet hat. Und wie ansteckend wirkt eine solche Ergriffenheit! Es gibt keine mitreißendere Empfindung als das ehrfürchtige Sich-Verneigen vor Gott.

Nach allem, was ich in Frankreich und Deutschland erfahren habe, gibt es aber auch nichts Zerbrechlicheres als diese Empfindung, die schnell dahinschwindet und welk wird durch Spott, Einsamkeit, Kälte. Deshalb ist es unmöglich, Gott zu lieben und seine Anwesenheit zu spüren, wenn man nur sich allein sieht. Man braucht auch die Kirche, das Volk Gottes, das Volk, das Gott durch die Zeit trägt (und in Klammern füge ich hinzu, daß alle Völker Gott durch die Zeit tragen).

Das Offenbarwerden der göttlichen Liebe wird durch das Ritual fortgesetzt. Gott ist in dieser Welt anwesend dank des Opfers. In der Bhagavadgita heißt es: „Alles, was du tust, verwandle in ein Opfer." In unserem europäischen Bewußtsein ist die Vorstellung des Opfers zu etwas Negativem und Freudlosem verkommen. Aber jeder wirklich religiöse Mensch weiß doch, daß Opfer mit Befreiung zusammenhängt, mit Freude also. Wer mehr gibt, der erhält auch mehr. Einen neutralen Zustand gibt es nicht. Man kann nur entweder verlieren oder immer mehr geben.

Bei den Brahmanen gibt es eine schöne Legende. Einst begann die Erde, der vom Wind bewegten Lotosblüte gleich, zu schwingen – sie schwang bald auf die Seite der Götter, bald auf die Seite der Dämonen. Einmal, als sie zur Seite der Götter geschaukelt war, gelang es diesen, sie anzuhalten und sie auf ihrer Seite festzumachen, indem sie einen Opfertisch auf die Erde stellten. Seit dieser Zeit, so deutet diese Geschichte, kommt der Mensch, der Gott wählt und das Böse ablehnt, zum Altar.

In Katmandu regiert das Mittelalter. Tempel-Pagoden, Tempelnischen, Tempelsteine. Da geht man und bemerkt gar nicht, daß man auf einen Opferstein tritt – nur die rote Farbe unter den Füßen und ein paar gelbe Blütenblätter erzählen davon, daß Gott sich hier niedergelassen hat. Überall diese tiefrote Farbe. Mit ihr „schmückt" man die Götter, malt sich selbst auf die Stirn das „dritte" Auge – Symbol für das geistige Sehen. Es ist die Farbe des Lebens, der Leidenschaft, des Blutes.

Erhöhungen oder einfach Steine – die Lingami des Schiwa (in Katmandu werden Schiwa und Ganescha besonders verehrt) – wachsen gleichsam aus dem mütterlichen Schoß der Erde heraus. Überall in der Natur stoßen wir auf „Lingami" – auf Berge und Steine. Aber auf der anderen Seite scheinen sie auf die Erde herabgefallen, ein Geschenk des Himmels. Die Natur ist für den Hindu nicht mechanisiert wie für uns. Der Nepalese ist ein Ikonenverehrer. Alles Künstliche lehnt er ab. Ein Baum, ein Stein können heilig sein. Nicht der Mensch kontrolliert die Natur, sondern sie ihn. Im mystischen Sinn ist die Natur sogar mit mehr Bewußtsein ausgestattet als der Mensch. Natürlich ist die Religion hier kosmisch, und es besteht keinerlei Gefahr, daß das religiöse Gefühl degeneriert in Sentimentalität oder in sadomasochistische Mitleidlosigkeit. Dies schon deswegen, weil es kein „Gefühl" im sensualistisch-europäischen Verständnis ist. Was hier erfahren wird, ist das Mysterium der Einheit, wo Mensch, Kosmos und die Götter als gleiche nebeneinanderstehen. Die Sonne geht jeden Tag nur deshalb auf, weil die Einwohner von Katmandu dem Gott Agni opfern. Und auch die Sonne selbst, der Mond, Tag und Nacht, sie alle sind entstanden als Ergebnis des Opfers. Opfer darzubringen, das vollendet nicht nur die Menschen, sondern auch die Götter.

Deren Heiligkeit erzeugt gleichzeitig Furcht und Vertrauen. Meine eigenen Empfindungen angesichts dieser Welt der hinduistischen Götter, einer Welt, die so vielfältig, phantastisch und fremd ist, sind Beunruhigung und Überraschung. Mit dieser Realität ist der westliche Mensch nicht verbunden, weder durch das Gebet noch durch die Geschichte, ganz abgesehen von der Begrenztheit der eigenen Lebenserfahrung. Und es wäre anmaßend zu wünschen, in sie einzutreten, sie zu verstehen, sie zu erleben. Der Anthropologe Lévi-Strauss glaubt, daß gerade das Fremde und nicht das Eigene am einfachsten zu verstehen sei. Dabei kann ich ihm zwar nicht folgen. Aber dennoch, bei all meiner Sehnsucht nach einem sanftmütigen und in der Zeit gegenwärtigen Gott, einem so menschlichen, so nahen christlichen Gott, – es wird der Seele doch auch warm bei diesen Altären. Wenn man sieht, mit welcher Ernsthaftigkeit, mit welch innerer Ergriffenheit und kindlicher Einfachheit die Hindus sich an ihre Götter „schmiegen", verspürt man manchmal den Wunsch, es ebenso zu können. Aber man kann nicht so werden wie diese Menschen.

Vorläufig ist der Unterschied wohl noch zu augenfällig. Man sieht uns den Touristen wohl zu deutlich an, keine schöne Rolle. Ein Haufen Halbwüchsiger umdrängt uns, Kinder lassen uns nicht vorbei, man hält uns auf, läßt uns nicht allein. Alle verlangen auf englisch: „One rupees". Wir versuchten, sie nach Tempeln, nach Ritualen auszufragen. Vergebens. Sie verstehen die eigenen Symbole nicht. Sie leben mit ihnen. Verstehen – das ist schon Zerlegen in einzelne Bestandteile, das ist der Anfang des Todes.

Die Aufdringlichkeit dieser Jungen läßt sich erklären. Früher gab es in Katmandu viele Hippies. Diese brachten nicht nur die westliche Musik hierher, sie lehrten auch die Kinder und Jugendlichen, die Touristen aufdringlich „anzubetteln".

16. 12. 87

Die Nepalesen – das ist ein Lächeln. Nicht nur mit den Lippen allein, sondern auch mit den Augen und dem ganzen Gesicht, mit der ganzen Seele. Die Menschen leben bettelarm; nicht nur physisch, auch geistig. Aber bis zur letzten Geste ist alles vom Religiösen durchdrungen: das Essen, das Fegen des Fußbodens, das Kochen – ein „profanes", von der religiösen Feier abgeteiltes Sein existiert quasi nicht.

Wir essen in billigen kleinen nepalesischen Restaurants. Es gibt schmackhaft zubereitete, vegetarische Speisen. So haben wir auch keine Probleme mit dem vorweihnachtlichen Fasten. Und ähnlich wie in Rußland oder in Griechenland: in einer Ecke, auf einem kleinen Regal, wo bei uns die Ikonen sind, stehen kleine Statuen oder andere Darstellungen von Göttern, und bei den Buddhisten: der Dalai-Lama. Der Buddhismus hat sich hier übrigens mit dem Hinduismus verflochten, so daß faktisch alles eine Religion geworden ist. Der Buddha für die Hindus ist der Avatara (Vischnu), für die Buddhisten aber sind die hinduistischen Götter Offenbarungen des seit Ewigkeit existierenden Buddha.

Eine Ähnlichkeit mit Rußland und Griechenland zeigt sich auch noch in der Art, wie man die Gottheiten „küßt", wie man den Tempel betritt, mit welcher Gleichförmigkeit, Konzentration und Weltentrücktheit man die Mantren liest.

Der Tempel ist das Zentrum der Welt; beim Betreten des Tempels wird der betende Mensch selbst ein wenig Gott. Der Tempel, von Menschen geschaffen, ist gleichzeitig auch der Tempel des Universums. Der betende Mensch wiederholt den Lauf der Sonne, die in den Schoß des Universums eintritt. Wie freue ich mich, wieder Menschen zu sehen, die die Heiligkeit des Ortes spüren: Bevor sie einen Tempel betreten, berühren sie die Decke und die Türschwelle, legen ihre Hände an die Stirn und an die Brust. Vor dem Tempel liegt gewöhnlich irgendein Wesen in einer gebets-kontemplativen Haltung da und schaut auf den Eingang. Bald ist es ein mystischer Vogel, bald ein Mensch-Gott, bald ein Adler-Mensch, bald eine Ratte, die Gefährtin des Ganesch, sehr oft eine Kuh. Auf diese Weise geschieht eine Erweiterung des Tempelraumes. Auch der Platz um den Tempel herum wird heilig und ehrwürdig, er erweitert sich zu einem Kreis, und das Heiligtum wird keine Sekunde lang vergessen. Der Tempel zieht an, er ruft, aber er sagt auch schon im Vorfeld, daß er keinen Unvorbereiteten zu sich herankommen läßt: Oft bewachen ihn Rakschasi, oft ist auch die Treppe, die zu seinem Eingang führt, ebenso hoch, wie der Tempel selbst. Zu beiden Seiten des Eingangs sind Menschen, Löwen, Elefanten, Greifvögel, Gottheiten dargestellt – je weiter die Treppe nach oben führt, desto enger wird sie, um in absoluter Enge, in Nichts zu enden. Der Weg zu Gott wird mit jedem Schritt schwieriger und schwieriger. Und das kennzeichnet gerade die Bewegung, den Weg, da gibt es kein Steckenbleiben in Formulierungen und Begriffen. Indische Gottheiten, vielköpfig und mit vielen Händen, vielstöckige Pagoden, Mantras, die sich endlos wiederholen – das ist keineswegs Unterentwickeltheit, das ist auch nicht das, was Hegel „dumme Unendlichkeit" genannt hat. Der Tanz der Wiederholungen legt davon Zeugnis ab, daß die Wahrheit sich nur in der Dynamik offenbart. Sie ist für uns unfaßbar, sie wird nie das Objekt unseres begrenzten Verstandes und unseres unersättlichen Herzens sein. Die Pagoden fliegen. Und was mich besonders beeindruckt: Diese Architektur kennt keine Wände.

Das Bewußtsein des Europäers ist zu eng, um die östliche Welt zu verstehen. Hierher kommt man zurück wie zu einer verlorengegangenen Ganzheit. Das Leben hier ist nicht beschnitten, nicht aufgeteilt worden in das Meine und das Andere, in das, was der „Gesellschaft" gehört und das, was dem Persönlichen zugeordnet ist, in das Bewußte und das Unbewußte. Der Reichtum vitaler Antriebe und Archetypen ist noch nicht tief ins Unterbewußtsein abgedrängt. So wie der Mensch hier in sich ganzheitlich ist, so zeigen auch die Tempel in Nepal in ihrer Architektur alle Aspekte des menschlichen Lebens: Götter, Menschen, Tiere, Monstren, Dämonen türmen sich übereinander. Ein schwindelerregender Reichtum für mein enges, moralisierendes Bewußtsein.

Und überall an den Tempelwänden gibt es Spiegel. Als ob sie sagen wollten: Nepal ist für dich ein Spiegel so wie jede Reise, die eine Initiation, ein Zu-sich-selbst-Kommen, kein Weglaufen werden soll. Man sieht sich nicht im besten Licht und kommt zur Reue. Im tibetanischen „Totenbuch" wird vom „Spiegel des Karma" gesprochen, den wir beim „Letzten Gericht" sehen werden. In den Spiegel schaut man, um die erbarmungslose Wahrheit über die eigene menschliche Unfreiheit zu erblicken, um den Wunsch zu verspüren, aus dem Rad der Wiedergeburten auszubrechen. Der Spiegel ist ein weiteres Beispiel dafür, wie verschieden ein und dieselben Gegenstände in den verschiedenen Kulturen aufgefaßt werden. Unmöglich, sich in Europa, besonders in den christlichen Kirchen, solche Spiegel vorzustellen. Lange Zeit galt er bei uns als eine Erfindung des Teufels. Für den Europäer ist auch undenkbar, daß der Spiegel Träger der Wahrheit sein kann: Entweder bringt der Blick in den Spiegel unserem Narzißmus eine Wunde bei, die nicht vernarbt. Oder wir fangen an, uns selbst zu bewundern. Außerdem ist uns der Spiegel wie der Teufel ein neurotischer Nachäffer der Wahrheit. Die üble Endlosigkeit der Widerspiegelungen und Reflexionen als Zeichen des fruchtlosen Stolzes, der aus dem Bösen kommt, ein Zeichen der höllischen Monotonie und Langeweile.

17. 12. 87

Wir haben uns hier mit einer Vielzahl von Hunden und Kühen angefreundet. Tiere und Kinder leben in Nepal nicht im Verborgenen. Die Hunde bringen sich auf kluge Weise in Sicherheit vor den Autos, die nur mit niedriger Geschwindigkeit fahren. Es gibt hier nicht weniger Hunde als Menschen. Die Kühe aber bemerken die Autos überhaupt nicht, so feierlich, so majestätisch ruhig sind diese schönen Tiere. Die Kuh ist die Nährmutter, die Mutter-Erde. Sie ist die Begleiterin der Götter und selbst eine Göttin, die Verkörperung der Furchtlosigkeit und Ruhe, ein lebendiger Vorwurf für die ewig besorgten, aufgeregt hin und her hastenden Menschen. Eine Szene: mitten auf einer breiten, von Autos stark befahrenen Straße liegt eine Kuh. Sie hat ihr Gesicht dem Verkehr zugewandt, nichts bringt sie aus der Ruhe: weder die Pfiffe noch der nervende Lärm der Autos, die fast pausenlos aufeinanderfolgen. Friedlich käut sie ihre Nahrung wieder. Die Menschen müssen um sie herumgehen, um sie herumfahren, neue Wege finden. Wie wahr ist der Blick der Kuh auf die Zivilisation: All das ist Illusion, der Schleier der Maja.

Die Kuh hat sogar die Götter das Singen gelehrt. Eine indische Legende erzählt, daß die Götter, nachdem sie ihre Hymnen gesungen hatten, in den Osten zurückkehrten. Unterwegs trafen sie eine Kuh, die „Muh" sagte. Und sogleich verstanden die Götter, daß sie falsche Hymnen gesungen hatten, denn eben dieses „Muh" muß der Anfangslaut des Gesangs sein. Die Götter sagten: „Die Kuh ist in Wahrheit das Opfer selbst, insofern man ohne sie keine Opfer darbringen darf. Sie ist die Speise selbst, weil jede beliebige Speise von der Kuh kommt."

Ich habe noch andere erstaunliche Szenen gesehen. Da zieht zum Beispiel eine der religiösen Prozessionen vorüber. Die Leute stoßen auf etwa zehn Hunde. Die Prozession muß haltmachen, aber niemand scheucht die Hunde weg oder tritt mit dem Fuß nach ihnen. Von den Hunden wie von den Menschen erwartet man Überlegung und eine gewaltlose Lösung des Problems.

In diesen Menschen steckt keinerlei Aggressivität.

Wie wohltuend wirkt das auf meine Seele, die sich nicht fürchten und sich nicht in sich verkriechen muß. Eine Sache ist es, über Ahimsa zu lesen, und die andere ist es, dies mit eigenen Augen zu sehen: Die Menschen und die Tiere hassen einander nicht. Ohne Streit überlassen sie einander den Platz unter der Sonne – wie heilsam das ist.

Bei uns im Christentum empfinden nur die Heiligen und die Gottesnarren die Tiere auf diese Weise. Aber das Christentum ist doch nicht schlechter als der Hinduismus! Es gibt doch auch in unserer Tradition den Aufruf zur kosmischen Liebe, zum Mitleid. Warum ist bei uns das „liebende Herz" in Vergessenheit geraten, das liebende Herz, das mit jedem Geschöpf mitfühlt und weint? Die heiligen Väter schreiben, daß der Mensch im Paradies Herrscher, Prophet und Priester für alle Tiere war. Warum ist er heute zu einem so schamlosen und stumpfsinnigen Parasiten der natürlichen Welt geworden?

Denken wir an die kosmische Liturgie des heiligen Makarij des Großen und des heiligen Maximus Confessor. Haben wir weniger als die Hindus Grund, barmherzig zu sein? Oder weniger Anlaß, die Idee der Kirchlichkeit auf kosmische Weise zu verstehen?

Nicht einmal auf dem Basar hört man hier grobe Schreie. Und wenn in dem engen Raum einer mittelalterlichen Gasse zwei Kastenwagen aufeinanderstoßen, so werfen sich ihre Fahrer keine Schimpfwörter an den Kopf, sondern sagen: Wir wollen denken, daß unser Zusammenstoß nicht wirklich war. Das ist der Schleier der Maja. Eine Harmonie zwischen Menschen verschiedener Herkunft (in Nepal gibt es eine Vielzahl von Nationen), zwischen Menschen und Tieren – das muß man erleben, eine Welt ohne Angst und Drohung. Schlafe ich wirklich nicht?

19.12.87

Nein, in ein Paradies bin ich nicht geraten. Nein, es fällt mir schwer, hier zu leben. Nachts friere ich, und tagsüber falle ich fast um vor Hitze. Katmandu erinnert, besonders wenn man abends aus dem Haus tritt, an eine zerbombte Stadt nach dem Krieg. Abfälle, zerbrochene Ziegelsteine, beißender Staub, der einem den Atem nimmt. Viele Kinder sterben hier an Vergiftung der Atemwege. Abfallgruben und Toiletten befinden sich direkt auf der Straße, Gestank überall. Bisweilen fühlt man sich in einer Gegenutopie. Das ist Katmandu nämlich auch: das Ende der Welt, grau. Nur selten trifft man auf ein matt schimmerndes Lämpchen, deprimierend.

Man geht so vor sich hin durch die kleinen, engen Straßen – da hört man plötzlich Musik. Neben dem erleuchteten Altar des Schiwa sitzt eine Gruppe von Männern. Auf eine ganz helle und junge Weise singen sie die ewigen Mantras. Ob es Pilger sind oder ob sie hier leben, das weiß ich nicht, – aus ihrem Gesang heraus entsteht bei mir der Gedanke: Wir alle sind Pilger, an der Erde festgehalten nur durch unsere Opfertische. Bei den „Brahmanen" heißt es: „Als die Erde erschaffen war, fing sie an zu singen. Jeder, der sich vollendet fühlt, singt oder liebt es, dem Gesang zuzuhören." So ist es in Nepal. Hier sieht man abends nicht fern, sondern kommt zusammen, um zu sprechen und zu singen. Wir waren auch im Konzert in einem „Kulturhaus". Sehr einfach gekleidete junge Mädchen sangen Volkslieder. Erstaunlich war, daß sie dastanden, ohne sich zu bewegen, so als ob sie auf der Bühne angewachsen wären. (Welch ein Unterschied zu den grimassenschneidenden und sich hin und her verrenkenden Sängern im Westen!) Ihre Stimmen sind stark, melodisch. Der Kontrast zwischen äußerer Statik und innerer Freiheit, zwischen dem festgefügten Maßstab und der Grenzenlosigkeit des Gesangs beeindruckt mich sehr. Es hat etwas von einer „singenden Ikone".

Wir haben auch eine lebende Göttin gesehen. Die Kumari. Sie sitzt in ihrem Palast, man opfert ihr. Die Kumari berührt nie die Erde mit ihrem Fuß. Sie ist mit übernatürlichen Fähigkeiten ausgestattet, deswegen ist es ein sehr schlechtes Zeichen, wenn die Kumari das Opfer ablehnt. Zu einer Kumari wählt man ein Mädchen aus (das Alter der Göttin liegt zwischen 3 und 13 Jahren), das sehr schwierige Prüfungen bestehen muß: etwa ohne Furcht durch eine Reihe äußerst schrecklicher Masken und abgeschlagener, blutender Bullenköpfe gehen. Wir waren in dem kleinen Hof, in dem für drei Sekunden der Kopf der Kumari in einem kleinen Fenster erscheint und sich den Besuchern zeigt. Während wir warteten, mußten wir alle möglichen Plattheiten von den herumstehenden Touristen anhören. Die Franzosen erörterten die Frage, wer „sich an der Göttin bereichert". Ihre Familie ist es, stellte man fest. „Und dafür macht man auch den ganzen Schwindel." Es war sehr unpassend. Sie mußten unbedingt zeigen, daß wir klüger sind als „diese Wilden".

*

Nietzsche schrieb, er könne sich Gott nur als tanzenden Gott vorstellen. So stellen ihn sich auch die Hindus vor. Schiwa ist der Herr des Tanzes. Seine Kinder sind die verschiedenen Aspekte der Energie des Windes. Der Tanz ist bei den Indern und Nepalesen die Mutter aller Künste. Der Gott, der sich bewegt, ist für Moralisten und finster dreinschauende Rationalisten nicht faßbar. Die Nepalesen materialisieren die Bewegung und machen sie sichtbar: Die Flügel der Pagoden fliegen, die buddhistischen Mühlen drehen sich, verschiedenfarbige Fähnchen riesiger Stupas und Schwärme von Tauben fallen gleichsam als Wellen in die Augen.

Der vollendetste Kosmos ist nahe am Chaos. Die göttliche Ordnung basiert auf dem Geheimnis und dem nicht Berechenbaren. Deshalb ist in der indischen Kultur das Bild des Kindes, das am Ufer des endlosen Ozeans in kosmischer Leere spielt, so populär. Es ist fast ein heraklitisches Bild. Dieses kleine Kind schafft entsprechend seiner Phantasie ein Universum nach dem anderen. Oft sind der alte Mann (Weisheit/Gesetz) und das Kind (Chaos, Eigenwilligkeit, ungegliederte Ganzheit) zwei Aspekte ein und derselben Person.

In Indien gibt es Mythen von allmächtigen Kindern, von Nasiketase zum Beispiel. Und der populärste Gott hier – Ganesch mit dem Kopf eines Elefanten, der Gott des Glücks, der Gott des Erfolgs, der die Hindernisse hinwegräumt – wird auch oft als Kind dargestellt. Schiwa spielt mit der Welt, Krischna spielt mit der Welt, das seit Ewigkeit existierende kleine Kind spielt mit der Welt. Der Überfluß an Energie ist das Symbol der Liebe. Die Liebe ist immer ohne Gesetz, ohne Nutzen. Mandelstam schreibt über das Paradies, es sei „ein Blindekuhspiel mit Gott". Im Paradies gab es keine „juristischen" Beziehungen zwischen Gott und dem Menschen. Es gab nur Überfluß an Vertrauen und eine Heiterkeit, die ins Spiel übergeht.

Nepal, Indien – das Fehlen der euklidischen Logik. Der Europäer ist starr, undurchdringbar, der Inder zeigt sich im Tanz, in der Biegsamkeit, in einer Weisheit, deren Symbol die Schlange ist.

Baktapur, 20. 12. 87

Wir haben eine Stadt gesehen, die noch bezaubernder ist als Katmandu: Baktapur. Inmitten von Staub und Dreck stehen so fein verzierte Gebäude, daß man stundenlang die geschnitzten Einfassungen der Fenster, die Muster um die Türen herum, die Figuren der Götter betrachten möchte. Diese Tempel sind wie Zarenkinder in einer elenden Umgebung.

Aber am meisten erstaunen mich die nepalesischen Stupas. Nach der Überlieferung wurden sie alle von Aschoka errichtet, einem Herrscher aus dem 4. Jahrhundert. Eine Stupa ist eine riesige, weiße, aus Halbkugeln und viereckigen ebenen Flächen zusammengesetzte Terrasse. Oben steht der Kopf des Buddha mit einem vergoldeten, spitz zulaufenden Hut. Das ungeheuer mächtige Weiß der Stupa hat auf mich eine ganz beruhigende Wirkung. Die Stupa ist weißes Feuer – die Inder beschreiben das Feuer oft als weiß – die Milch der Kuh stammt auch vom Feuer des Gottes Agni – das erstarrte Meer der Milch.

Ich erinnere mich an einen Mythos: Vor der Existenz der vier Himmelsrichtungen, vor der Geburt der neun Brahmanen, wurden dem Ammawar drei Eier ins Meer der Milch gelegt. Das seit Ewigkeit her existierende Ei der Stupa ist ihr rundes Teil.

Vollkommen weibliche Formen. Das kosmische Ei ist der Ausdruck metaphysischer Leere, sunya, der Leere-Fülle, des Weltstoßes, aus dem alle Dinge hervorgegangen sind. Macht und Kraft der Stupa bestehen darin, daß sie in sich sowohl das Leben als auch den Tod, das Grab und den Mutterschoß verborgen hält.

Als ich fast bis ganz nach oben hinaufgestiegen war und fast die „Achse der Welt" berührt hatte – die Stupa steht der Idee nach im Zentrum der Welt –, fühlte ich mich an der Grenze einer geistigen Macht. Seit langem hatte ich nichts dergleichen mehr verspürt. Eine Ruhe über alle Grenzen hinweg, Stille.

Es ist eigenartig, daß die Stupa mit einer solchen Kraft wirkt. Einen Europäer erinnert sie eher an ein Kinderspielzeug (einen Kreisel) mit einem gigantischen Gesicht, so wie es von avantgardistischen Künstlern zu Beginn dieses Jahrhunderts gemalt worden sein könnte. Miró hätte so etwas malen können, ein zu großes und unförmiges Spielzeug. Sie wirkt irgendwie irreal, aber gerade darum geht es auch, daß es nichts Realeres, nichts Bedeutsameres und Ernsteres gibt als diese Stupa. Die buddhistischen Pilger schreiten um die Stupa herum, Trommler mit heiligen Texten umkreisen sie, wieder andere gehen, unter Verbeugungen bis zur Erde, um die Stupa herum. Zweimal waren wir in einem buddhistischen Kloster zum Gottesdienst. Hinter langen niedrigen Tischen sitzen Mönche in dunkelroten und gelben Gewändern, vor ihnen liegen kleine Hefte mit den Mantras. Ein monotoner Gesang, bald Gemurmel, bald helle und angespannte Laute. Bei allem eine ungewöhnliche Kraft. Bisweilen erinnert es an griechische Liturgie. Zeitweise wird der Gesang jäh unterbrochen von mächtigem Trompetenklang oder von einem Schlag auf Metallscheiben. Der Gedanke dabei ist der: Sogar diese übermenschliche Monotonie kann unecht, unrein, ohne Leben sein. Dann kann man zum idealen Laut und Sinn nur mittels eines unerwarteten „kakophonischen" Schlages zurückkehren.

Der Gesang führt einen sehr schnell über die Grenzen des physischen Lautes hinaus – alle unbedeutenden

Laute und Sinngehalte sind entfernt. Im Gottesdienst gibt es keine leeren, unklaren Stellen, die in aller Eile mit sentimentalen Gefühlen, Zweifeln, mit Psychologie angefüllt werden. Leben und Tod sind in einem buddhistischen Kloster gegenwärtig. Es wird schwer sein, in die Welt der europäischen Abstraktionen zurückzukehren.

Natürlich habe ich mich, bei all diesen starken Eindrücken, nie wie zu Hause gefühlt oder wie daheim gebetet. Und natürlich ist es nicht die „orthodoxe" Liturgie, die mein Herz berührt, die es umstülpt und ihm Nahrung gibt. Auch das Kloster verlassen wollte ich nicht. Götter, Menschen, Tiere, die Elemente. Überall brennen Öllämpchen, die das Gold der Opfergefäße noch mehr hervorheben. Singend bereiten die Pilger Opfergaben vor: Blumen, Reis, auch Gräser. Sogar das klösterliche Museum hier ist kein Museum, es lebt. Vor jeder Statue des Buddha liegt ein wenig Reis oder gelb-rote Blütenblätter – man verneigt sich vor den Göttern und betrachtet sie nicht als Objekte einer vergangenen Geschichte.

Besonders bedrückt mich in dieser Umgebung das Benehmen der Europäer. Ihre Stimmen und Gesten sind so unnatürlich (ich schließe mich da ein), daß sie losgelöst von ihren Körpern zu existieren scheinen. Jung sagt: Wenn der Europäer, gespalten in das Rationale und das Irrationale, nicht das „christliche Yoga" entdeckt, wird er schizophren gespalten bleiben. Von meinem Standpunkt aus ist „christliches Yoga" unmöglich. Aber ganz und gar möglich ist das echte, das mystische Christentum, das in Westeuropa schon fast ganz verlorengegangen ist, zu dem man aber immer wieder zurückkehren kann, wenn man die hohe Lehre der heiligen Väter über die Vergöttlichung entdeckt hat. Der Weg zurück ist möglich, wenn man den Weg der Askese und der erfahrenen Geistigkeit gefunden hat.

Ein Stoß ins Horn ruft die Menschen zum Gebet. Vom buddhistischen Horn gibt es eine schöne „Legende". Es lebte ein König, der gerne auf die Jagd ging. Seine strenggläubige Frau sagte ihm, er dürfe keine Tiere töten. Aber ihre Mahnungen waren vergeblich. Nach seinem Tod wurde der König ein Stier, seine Frau wurde die Tochter eines Brahmanen. Wilde Tiere rissen den Stier in Stücke, die Tochter des Brahmanen aber hörte eine Stimme: „Das ist dein Mann, du kannst ihn wieder zum Leben erwecken, wenn du seine Knochen mit Wasser begießt aus einem Horn und ins andere Horn bläst." Mit dem Horn kann man sich von Sünden loskaufen und die Dämonen vertreiben. So wurde der König wieder zum Leben erweckt. Die Buddhisten besitzen ein Wissen, dem sich die Wissenschaft heute erst allmählich nähert – der Laut heilt, er erweckt zu neuem Leben.

Es gibt nichts Totes, Mechanisches, Künstliches hier. Wenn Türen da sind – dann nicht, damit man sie zumacht und sich absondert. Die Türen in Nepal sehen – auf jedem Türflügel ist ein Auge, das die Sonne zeigt, das Auge des Himmels. Die Türen stehen zweifellos mit dem Symbol der Sonne in Verbindung. Wenn wir durch eine Tür hindurchgehen (Einheit des Inneren und des Äußeren, des Hohen und des Niedrigen, des Lichts und der Dunkelheit), entsteht bei uns das Gefühl der Initiation. Hinter der Tür ist ein Geheimnis verborgen. Und das orthodoxe Wort aus der Liturgie „Türen, Türen, mit höchster Weisheit ..." ist auch eine Verhüllung des Geheimnisses.

21. 12. 87

Heute waren wir fast ganz oben auf den Bergen. Dort vereinigen sich Himmel und Erde. Von den Bergen herab fließt der Strom des Lebens. Wir haben den auf Schlangen liegenden Vischnu gesehen. Der Gott schläft im kosmischen Ozean auf einer vielköpfigen Schlange. Die Schlange wird in Nepal sehr oft lächelnd und gar nicht als böse dargestellt. Mit einer langen und schmalen Linie sind die nepalesischen Tempel verziert – das ist die sich windende kosmische Energie-Schlange. Selbst der König sitzt auf seinem Thron wie im Rachen der Schlange. Im Yoga gibt es die Schlange-Kundalini-Energie, die sich am unteren Ende der Wirbelsäule befindet und sich nach oben erheben muß.
Morgen müssen wir abreisen.

Vor uns liegt Varanasi.

Varanasi, 22. 12. 87

Wir sind in der heiligsten aller heiligen Städte angekommen – in der Stadt des Todes und des Sieges über den Tod. Alle, die hier sterben, erlangen automatisch die Befreiung. So sagt es die Überlieferung.

Die Stadt des Schiwa – Varanasi – gleicht in ihrem Äußeren für uns, die wir wenig unterscheiden können, sowohl nepalesischen Städten als auch Bombay. Das gleiche Gedränge von Menschen, Autos, Rikschas, Tieren. Sehr viel Staub, ohrenbetäubender Lärm, es fehlt die Luft zum Atmen. Hustend und schwer keuchend schlagen wir uns zum Ganges durch. Auf dem Weg dorthin füttern wir unzählige Kühe und Hunde. Das sind wir schon seit Nepal gewohnt – wenn wir weggehen, nehmen wir Brotlaibe mit, ohne sie verlassen wir das Haus nicht. Wir stoßen auf Kühe, die auf der Straße leben. Sie stehen zu beiden Seiten des Weges, und manchmal treffen wir auch solche, die einen Herrn haben. Diese, gepflegt und mit weichem, gekämmtem Fell, erkennt man sofort. Manchmal sind sie mit Girlanden aus Blumen geschmückt, Papierschlangen stehen ihnen sehr gut. Sogar die Hälse und die Pfoten der Hunde sind mit Goldfäden geschmückt wie die Äste eines Weihnachtsbaumes. Bei Varanasi ist ein Sanatorium für alt gewordene Kühe. Hunde, die als unreine Tiere gelten, leiden mehr – eine der bedrückendsten Erinnerungen sind die leidvollen Augen hungriger Hunde. Vor meiner Reise nach Indien wußte ich nicht, daß Hunde tiefe Falten über den Augen haben, daß ihre Gesichter ein gequält-apokalyptisches Aussehen haben können wie die Gesichter von Tieren auf Ikonen.

Wir treten an den Ganges heran – nach dem bunten Gemisch von eben und dem Lärm, der über der Stadt lastet und uns bedrückt, jetzt die Weite des Flusses, Luft, kühle Frische, die ins Gesicht trifft. Nepalesen im Bus machten, als sie am Fluß vorbeifuhren, ihr „Kreuzzeichen". Das Wasser hier ist das Prinzip des Lebens.

Unser größter Wunsch war es, die Asketen zu sehen. Aber, wie sich später herausstellte, saßen sie alle an versteckten Orten unter Schutzdächern. Nur einige sahen wir sofort – die, die in tiefe Meditation versunken in der Haltung der Lotusblume, das Gesicht nach Osten gewandt, auf Postamenten saßen, welche sich nur leicht vom Kai abhoben und dem Fluß zugewandt waren. Bevor ich hierher fuhr, habe ich viel über diese Stadt gelesen, über ihre Wunder und ihre Heiligen. Besonders stark beschäftigten meine Vorstellungen die „Aghorisen", sie haben die schwierigste Form der Askese ausgewählt. Es gibt nicht viele von ihnen, vielleicht dreißig bis vierzig insgesamt. Aber sie beeindrucken sogar an ungewöhnliche Dinge gewohnte Inder stark durch ihre Taten und ihre Absonderlichkeiten. Es wird erzählt, sie könnten sich zu ein und derselben Zeit an zwei verschiedenen Orten befinden, in einen anderen Körper wechseln und ähnliches mehr. All das machen auch die anderen Asketen. Außerdem sehen die Inder selbst in diesen „physischen" Wundern nichts besonders Anziehendes. Es ist der niedrigste Typ des Yoga – Chatcha-Yoga. Wichtiger und interessanter ist die Sphäre des Geistes. Die Aghorisen sind unseren christlichen Gottesnarren in Rußland ähnlich. Eine Frau, die unfruchtbar war, kam zu Kina Ramu, dieser schlug sie dreimal, und innerhalb von drei Jahren gebar sie dreimal. (Ivan Jakowlewitsch Korejscha – ein bedeutender russischer Gottesnarr – schlug die Frau eines Kaufmanns mit einem Apfel, und sie wurde gesund.) Die Aghorisen scheinen verrückt zu sein, ihre Rede ist abgehackt, unverständlich. Manchmal ist es schwer zu unterscheiden, ob es sich um einen klinisch Verrückten oder um einen Aghorisen handelt. Im Krankenhaus für Aussätzige, das einer dieser Asketen erbaute, hängte er auch sein Porträt auf, auf diesem hat er sich selbst in ungezwungener Pose darstellen lassen – in der einen Hand ein Schnapsglas mit Likör, in der anderen Hand ein Stück Fleisch: Sowohl Likör als auch Fleisch sind für den Hindu etwas Unerhörtes. Ebenso wie die Gottesnarren schämen sich die Aghorisen nicht. Es kommt vor, daß der Lehrmeister jemanden segnet, weil er seine Notdurft geradewegs auf der Straße, vor den Augen aller verrichtet. Der Urin eines Aghorisen wird als Heilmittel angesehen. Der ganze Mensch ist rein und geheiligt (oder aber ganz in Sünde und Heuchelei). So handelten auch die Gottesnarren, die gegen die Heuchelei ankämpften. Die Gottesnarren warfen Steine gegen Kirchen und beteten gegen Kneipen gewandt.

Aber damit hört auch die Ähnlichkeit zwischen den heiligen Toren in Christo und den Aghorisen schon auf. Alles, was weitergeht, ist geheimnisvoll, schrecklich und meinem schwachen Verstand ganz unzugänglich.

Schon im 19. Jahrhundert wurde einer der Aghorisen verurteilt, weil er Menschenfleisch gegessen hatte. Man sagt, der Aghoris solle wenigstens einmal in seinem Leben Menschenfleisch essen. Die strenggläubigen Hindus fügen hinzu: Sie essen nur das Fleisch von Menschen, die einen schlechten Tod gestorben sind. Für die Verstorbenen ist das vorteilhaft, ihr Los kann sich dadurch verbessern. Der Ashram der Aghorisen ist aus verkohlten Holzstücken gefertigt, alle Gegenstände des täglichen Lebens sind aus verkohltem Holz – alles wurde durch das Feuer rein und ging durch den Tod hindurch. Der erste

Guru-Aghoris (im 18. Jahrhundert) war, wie die Überlieferung sagt, die Inkarnation des Schiwa, des Gottes des Todes, des Siegers über den Tod.

Die Aghorisen tragen nicht ganz verbrannte menschliche Leichenteile an sich, sie essen aus Schädeln. Wahrscheinlich erklären sie zum Spaß: Am besten ist es, aus dem Schädel eines Kaufmannes oder eines Herstellers von pflanzlichem Öl zu essen. Der Schädel eines Kaufmanns ist übervoll von schwierigsten Energien – es sind ja listige Menschen. Der Schädel eines Ölherstellers aber ist sauber, weil es Dummköpfe sind. Manchmal verteilt der Aghoris das Gehirn vom Schädel an die Hunde.

Sinn dieses grausigen Tuns ist, dem Tod seinen Schrecken zu rauben. Der Advaita-Vedanta sagt, man müsse über die Grenzen eines jeglichen Dualismus hinausgehen, auch über den Dualismus von Leben und Tod.

Deshalb machen die Aghorisen alles gerade umgekehrt. Dort, wo das Leben anfangen soll, streuen sie den Samen der Zerstörung. Das Bett einer Hure ist ein würdiger Platz für einen Asketen-Aghorisen. Dieses Bett ist für sie wie ein Krematorium. Es gibt sogar ein besonderes Ritual. Man beginnt damit, daß man Fleisch, Fisch und Süßigkeiten ißt, dann paart man sich mit Prostituierten (die sich gerade in der Menstruation befinden) und hält dabei das Sperma zurück. Wem es nicht gelingt, das Sperma zurückzuhalten, der wird verrückt – was noch das beste Ende ist. Wenn der Aghoris nicht den Verstand verliert, sondern langsam stirbt, erwartet ihn ein schreckliches Schicksal. Hier in diesem Ritual wird dem Leben der Wert aberkannt; alles, was ihm dienen soll, schlägt eine andere, entgegengesetzte Richtung ein, wird grausam und grob verjagt. Für uns Menschen aus einer anderen Welt als der ihren ist das alles unerklärbar. Ich kann mich nicht entschließen, das zu beurteilen. Nach meinem Geschmack ist es nicht, aber es wäre unangemessen, moralische Kriterien anzulegen.

Scheiterhaufen lodern. Menschliche Leichname werden verbrannt. Eine Menschenmenge darum herum, manche sitzen auf Treppenstufen, andere gehen umher, wieder andere schauen schweigend zu. Alle sind ruhig. Niemand schluchzt, niemand weint. Ein alltäglicher Tod. Hunde, die nach Fleisch verlangen, springen anscheinend in die Scheiterhaufen hinein und stehlen sich Fleischstücke. Niemand jagt sie fort. Der Tod ist etwas Unwirkliches, nichts Ernstes, er kann keinerlei Gefühle hervorrufen. Oder aber der Tod ist die Geburt zu einem neuen Leben, zu einer neuen Wiedergeburt. Deshalb muß der Verstorbene, wie ein Embryo eingewickelt, wieder geboren werden. Das Ritual der Beerdigung erinnert an das Ritual der Hochzeit. Der Trauerzug endet wie eine zweite Ehe. Er wird von fast einem erotischen Tanz begleitet. Im Tod entsteht neues Leben. Mehr noch: gerade die Regeneration des Lebens ruft den Tod hervor. Zehn Tage lang werden dem Verstorbenen Reis und Blumen geopfert, damit am elften Tag neues Leben in ihn hineinkomme.

Wir Christen verstehen den Tod anders. Er bleibt in unserem gottlosen Jahrhunder oft als einzig ernsthaftes, dramatisches Seinsmoment erhalten, als Grenzsituation, als einzig echte Möglichkeit, als letzte entscheidende Sekunde, als schreckliches Geheimnis. Natürlich gibt es im Christentum auch den Gedanken, daß der Tod nur ein „Einschnitt" sei im Gewebe des Seins. So nannte ihn zum Beispiel Vater Sergej Bulgakow. Es gab auch den Gedanken, daß der Tod nichts ändere, weil die Hölle oder der Himmel schon in diesem Leben anfangen.

Schrecklich ist nur der apokalyptische, der „zweite" Tod, der schon vor dem physischen Tod eintreten kann:

„Du trägst einen Namen, als ob du lebendig seist, aber du bist tot.“ Und dennoch bleibt bei uns Christen das Zittern vor dem Tod, ist uns doch nur ein Leben gegeben. Und dies eine Leben enthält die Freiheit, zu sündigen oder nicht zu sündigen. Im Jenseits gibt es keine Freiheit der Wahl zwischen Gut und Böse mehr. Der Inder dagegen kann immer darauf hoffen, sich bei der nächsten Wiedergeburt noch zu „verbessern“.

Wenn ich Indien jetzt verlasse, dann nehme ich in meinem Innern das Bild des Ganges vor der Morgendämmerung mit: An einer Stelle werden Leichen verbrannt, an einer anderen waschen sich Menschen oder beten, das Gesicht der aufgehenden Sonne zugewandt, auf einer anderen in den Fluß hineinreichenden Holzbefestigung wird Wäsche gewaschen – es sind lange Ufertreppen mit vielen Stufen. Im Morgendunst erscheint der Ganges als breiter, endloser und unübersehbarer Fluß.

Leningrad, 4.7.1988

Heute bin ich nach achtjähriger Trennung in die Heimat zurückgekehrt. Ich kann nicht einmal glauben, daß ich hier bin. „Das Herz zerspringt vor Liebe."

Schon als ich im Flugzeug plötzlich wieder über russisches Gebiet flog, fühlte ich mit meinem ganzen Wesen, mit meiner ganzen Haut und vor allem mit dem Herzen, daß ich in die Heimat, in meine Welt gekommen war. Unter mir tauchten die geliebten nördlichen Sümpfe auf. Und Tränen stürzten mir von selbst aus den Augen.

Ich habe ein Visum für zwei Monate bekommen. Wahrscheinlich wegen der schwerkranken Mutter, vielleicht auch wegen der Perestrojka im allgemeinen. Ich weiß es nicht. Es ist auch nicht so wichtig, warum. Hauptsache, daß ich hier bin und nicht in der Fremde, wo mir jedes Ein- und Ausatmen Mühe machte.

Ich fahre durch Leningrad. Die Brust wird mir weit, ich sauge die weiche und feuchte Luft dieser Stadt ein, eine Luft, die so tröstend, so beruhigend ist. Wie Muttermilch trinke ich sie.

Jede Faser in mir richtet sich wieder auf, kommt zum Leben. Welche majestätische, die ganze Welt umfassende Weite! Wie weit weg ist die Linie eines niedrigen Horizontes! Ein flaches, unendliches Land. Es scheint sogar rund zu werden, es scheint die ganze Rundheit unseres Planeten aufzuzeigen. Man muß nur bis zum Ende dieser großen Straße gehen, dann wird man hineinfallen in die Luft, in den Kosmos, in die Unendlichkeit. Möglicherweise empfindet ein Tourist aus dem Westen dieses gewaltige Ausmaß als Leere und unsinnigen Überfluß, ich aber brauche dieses Gewaltige gerade. Mit Vergnügen betrachte ich die gleichmäßige und strenge Linie der niedrigen Häuser, ich ergötze mich an der Kühle der langsam dahinfließenden Newa. Ich bin natürlich zu Freunden gekommen, von denen ich nicht eine Sekunde lang seelisch getrennt war, bisweilen gab es Briefe und Telefongespräche, die mich seelisch und geistig aufrecht erhielten. Sie waren der Grund dafür, daß mein Herz nicht versteinerte, daß ich in der fremden Welt überleben konnte. Und da stehen sie nun vor mir. Ihre Augen sind voller Liebe, voll kindlichen Vertrauens und Verwunderung. Zwischen uns herrscht ein solches Einvernehmen, daß wir miteinander bis ans Ende der Welt gehen könnten. Das Glück der Begegnung, des Blickes, des persönlichen Kontaktes. Die Möglichkeit eines kirchlichen Lebens. Und kein Stillstand und keine Zeit der Stagnation wie in der Emigration, wo jeder für sich so absurd und unglücklich litt, daß er nicht einmal von seinem Leiden erzählen konnte, daß er nicht einmal den Wunsch hatte, seinen Schmerz auch nur auszudrücken.

Wir redeten miteinander, als sei unser Dialog nie unterbrochen gewesen, als hätte es die acht Jahre der Trennung nicht gegeben. Keiner mußte sich anstrengen, keiner tat sich schwer, seine Gefühle, das Überschwappen seiner ganzen Seele zu zeigen. Man könnte das eine Ekstase der Beziehungen nennen, wenn das Wort „Ekstase" nicht den Beigeschmack von Hast und Gespanntheit tragen würde. Wir aber freuten uns wie Kinder mit einer beinahe wahnsinnigen Freude, die nicht darauf achtet, wie all das auf die Umgebung wirkt.

6.7.88

Äußerlich haben sich meine Freunde nicht verändert, sie sehen sehr jung aus, sogar die, welche die ganze Zeit über in Gefängnissen und Lagern verbracht haben. Aber innerlich sind sie erwachsener geworden. Ich merke es an dem, was sie erzählen.

Vor zehn Jahren, als viele von uns gerade erst zur Kirche gefunden hatten, kamen wir zusammen, redeten viel, organisierten in Privatwohnungen Seminare und Zirkel, schenkten der Welt und ihrem Bösen keine Beachtung, als ob es ringsum keine Trunksucht, kein düsteres und schweres Alltagsleben gäbe, mit Schlangestehen, Ehescheidungen und Verzweiflung angefüllt.

Jetzt aber ist vieles anders geworden. Wie es scheint, hat jeder meiner Freunde, die ich traf, seinen eigenen Weg gefunden, er hat sich „inkarniert", sein Leben mit dem Leben jener Menschen verbunden, die ihm früher gleichgültig waren. Ein paar meiner Bekannten fuhren weg in Klöster und wurden Novizen und Mönche, die Mehrzahl aber blieb in Leningrad, sie trägt das Kreuz des Gehorsams unter manchmal unglaublichen Bedingungen, wo man nicht nur Gott und dem geistigen Vater gehorsam sein muß, sondern wo man auch sehr erfinderisch und kühn sein muß, wo man vieles zum ersten Mal entdecken und wo man die Welt mit Licht erfüllen muß.

Serjoscha, der früher so gewandt von Gott sprach, arbeitet jetzt in einem Altersheim. Er hat sich das schlimmste und ungepflegteste ausgewählt. Früher wollte er ins Kloster gehen, er hat in dieser Zeit lange gebetet, und vielleicht sah er im Traum, vielleicht auch in Wirklichkeit, wie ausdruckslos sein Gesicht war, welche Spuren der Leidenschaften und der Hast es trug. Serjoscha hat für sich daraus die Konsequenz gezogen, nicht ins Kloster, sondern in dieses Altersheim zu gehen. Die alten Männer und Frauen dort, die keine Verwandten haben, sind der Willkür des Schicksals überlassen. Oft liegen sie wochenlang in ihrem eigenen Schmutz, und nicht selten sterben sich auch so. Pflegepersonal gibt es fast nicht. In jedem Zimmer liegen je sechs Menschen. Sergej dreht die Gelähmten um, wäscht sie, tröstet sie und spricht mit ihnen. Er ist ganz still und durchsichtig geworden. Mehr als jeder andere Mönch gleicht er einem „Engel im Fleisch".

Nikolaj ist mein anderer Freund. Er hat das Studium an der rechtswissenschaftlichen Fakultät mit seinem Examen abgeschlossen, aber er gab die Arbeit eines Juristen auf, sobald er Gott gefunden hatte. Damals vor zehn Jahren nahm er, wie wir alle, die Arbeit eines Liftführers an, wo man nichts tun mußte und wo viel Zeit blieb für Gebet und intellektuelle Beschäftigungen. Heute weiß ich, daß Nikolaj wieder als Jurist tätig ist. Aber wie und wo? Mit dem Segen und Auftrag des Starez arbeitet er in einem Entbindungsheim und rät den Frauen von einer Abtreibung ab. „Es gelingt mir, ungefähr jede zehnte Frau von einer Abtreibung abzubringen. Aber dort, wo das nicht der Fall ist, brauche ich nicht zu verzweifeln. So hat es mir der Starez auch gesagt: ‚Tue das, was in deinen Kräften steht.'" Dort, in diesem Entbindungsheim, gibt es ein schreckliches Zimmer. Darin liegen mongoloide Kinder, die von ihren Eltern abgelehnt werden. Nikolaj hat den Segen und Auftrag des Starez bekommen, sie zu taufen. Er schleicht sich mit Weihwasser in das Zimmer, wenn das ganze diensthabende Personal schon nach Hause geht.

Außerdem arbeitet Nikolaj (wie viele andere auch) als Lehrer in einer sowjetischen Schule. Er unterrichtet Geschichte, aber meist spricht er von der Geschichte der

Kirche, er erzählt Ereignisse aus der Bibel. In einer Klasse sind vierzig Schüler, sie hören schlecht zu, und dennoch gelingt es ihm, manchmal mit irgend etwas ihre Aufmerksamkeit zu fesseln, und dann sitzen sie da und halten den Atem an, sogar wenn es schon zur Pause geläutet hat.

Galina, die sechs Kinder hat – eines kleiner als das andere –, organisierte ein „poetisches Café". Unter diesem Namen führt sie zwei- bis dreimal in der Woche aufklärende christliche Abende durch. Besonders bemerkenswert war der Abend, der dem russischen Philosophen und Theologen Vater Pavel Florenskij, der am Anfang dieses Jahrhunderts eine der überragenden geistigen Persönlichkeiten ganz Rußlands war, gewidmet war. Es gab drei Referate. Ein Literaturwissenschaftler, ein Vertreter des Moskauer Patriarchats und ein gläubiger Physiker von der Universität sprachen. Der Physiker weinte, als er von der Kirche erzählte. Und auch alle übrigen konnten nicht ohne Zittern von der Ekklesiologie sprechen. Welch ein Unterschied zum Westen, dort ist es gerade umgekehrt, über die Kirche hört man fast nie etwas Persönliches, Bewegendes.

Eines der Zentren christlicher Aufklärung (es versteckt sich hinter dem Decknamen „russische Kultur") wurde das Dostojewski-Museum. Dort hat Ludmila, eine andere Streiterin für ein höheres Ziel, einen Vortragszyklus über die Heiligen Väter organisiert. Ludmila ist für mich ein neuer Mensch. Sie hat Augen wie eine Märtyrin. Sie hat ihren gutbezahlten und angesehenen früheren Arbeitsplatz aufgegeben, um ihre Beschäftigung darin zu finden, Vorträge über die Heiligen Väter zu organisieren. Sie versteht es immer, sich im Hintergrund zu halten – der Diener darf nicht in Erscheinung treten. Das gerade besonders, wenn man der Kirche dient.

14.7.88

Heute wurde im Dostojewski-Museum in einem überfüllten Vortragssaal ein Referat über den heiligen Maximus Confessor gehalten. Noch vor nicht allzu langer Zeit haben wir uns für solche Angelegenheiten heimlich, in Privatwohnungen, versammelt. Heute findet das Gespräch über die Dreieinigkeit, über die Asketik und über Märtyrer bei hellichtem Tag direkt im Zentrum der früheren russischen Hauptstadt statt. Es sprach ein junger Mann, ein Neubekehrter wie wir alle, Vadim Lure. Er erklärte die schwierigsten theologischen Dinge (von den zwei Willen, von göttlichen ungeschöpflichen Energien, von der Vergöttlichung) mit solcher Sachkenntnis und mit einer solchen Begeisterung, daß man nicht gleichgültig bleiben konnte.

Wie oft habe ich im Westen Vorlesungen verschiedenster Art über die Patristik besucht. Anscheinend ist das dort die langweiligste aller Wissenschaften, zu solchen Vorlesungen kamen nie mehr als zehn Leute, und oft wurden auch völlig belanglose Fragen erörtert. So wurde zum Beispiel stundenlang über die Frage gesprochen, ob Dionysius Areopagita gelebt hat oder nicht oder ob das nur ein Pseudonym sei.

Lures Vortrag war ausführlich, ging aber rasch vorbei. Dann kamen die Fragen. Im Saal saß ein ganz bunt gemischtes Publikum (etwa einhundert Leute). Es waren einfache Leute, zwei Priester, viele intelligente Gesichter, Männer mit Bärten, – Zeichen dafür, daß sie Neubekehrte waren.

Die Zuhörer fragten nach dem gegenseitigen Verhältnis der Hypostasen in der Dreifaltigkeit und äußerten ihren Zweifel daran, ob Vadim nicht zu scharf über Origenes geurteilt hatte. Hinter jeder theoretischen

Frage stand nicht bloß eine abstrakte, intellektuelle Neugier, sondern auch ein praktisches Interesse, es sprach das Leben selbst, die Seele, die nach dem Absoluten verlangt, die Wahrheit und Rettung sucht.

Abstrakte Schlußfolgerungen gab es nicht, alles war mit Fleisch und mit Durst nach Vollkommenheit angefüllt. Solcher Art waren vielleicht die theologischen Streitgespräche zu Zeiten der Kappadokier.

Danach führte uns ein junger Mann (ein Museumsangestellter, der aber in Wirklichkeit mehr einem Mönch glich) ins erste Stockwerk und zeigte uns eine Ausstellung von Ostereiern, jedes davon ein Symbol der Auferstehung und des ewigen Lebens.

Es war 10 Uhr abends, aber niemand ging nach Hause. Die ganze große Zuhörerschaft trat auf die Straße hinaus, wir gingen in Gruppen in die einzelnen Richtungen auseinander und setzten auf der Straße unsere theologischen Gespräche fort. Ich begab mich mit Freunden zur Wohnung des Dichters Krivulin, wo man bei Tee noch lange davon sprach, daß man der äußeren Perestrojka und Politisierung die Entwicklung des inneren Menschen entgegenstellen müsse.

In den Zügen, Straßenbahnen und elektrischen Eisenbahnen fällt einem vor allem dies auf: Die Menschen lesen in sich versunken Zeitungen, sind in Zeitschriften vertieft. Sie sagen, daß es jetzt (wegen des riesigen Interesses) unmöglich sei, Ausgaben zu abonnieren, die vor kurzem noch keine Seele interessiert hatten. Die kritische Schärfe der sowjetischen Presse ist heute so, daß sogar die Emigrantenpresse neidisch darauf sein kann. Autoritäten von gestern werden zu Fall gebracht, andere werden rehabilitiert. Früher verbotene Werke der Schriftsteller Schalamov, Andrej Platonov, Nabokov und Pasternak werden jetzt gedruckt. Die Mehrzahl der

Sowjetbürger ist verwirrt und fassungslos: Wie sehr gleicht das dem Zustand der Intelligenzija nach dem Tode Stalins in den sechziger Jahren! Damals hatten wir alle unseren „Gott" verloren, Skeptizismus und fast Zynismus waren die Weltanschauung der Intellektuellen. Aber dann begann eine Rückkehr zu den ewigen Werten der Kultur und des Geistes. Heute ist es im Milieu der Intelligenzija zum Vorwurf geworden, wenn man sagt: „Du bist ein Atheist." Vielleicht steht unser Volk heute auch hinter uns, es schwankt, es hat Zweifel. Aber ich bin sicher: Es wird noch entdecken, daß es eine ganz besondere Geschichte hat, daß tausend christliche Jahre hinter ihm liegen. Und wie viele noch vor ihm?

In Leningrad werden neue Kirchen eröffnet. Man findet dort wesentlich mehr junge Leute als das noch vor acht Jahren der Fall war. Ich gehe oft in die Verwandlungskirche, dort ist der Anteil von jungen Leuten und alten Frauen jeweils fünfzig Prozent.

15.7.88

Heute versammelt man sich, um Streitgespräche zu führen, nicht mehr in Privatwohnungen, sondern auf den Straßen, in den Gärten und Parks von Leningrad. Im Rumjanzev-Garten kommen die russischen Patrioten zusammen, die Gesellschaft „Pamjat" (Pamjat heißt: Gedächtnis, Erinnerung). Jeden Donnerstag versammeln sich da ungefähr 200 Menschen. Die russische Nation, die als Ergebnis der Revolution 60 Millionen Menschen verloren hat, hat endlich angefangen, von sich zu sprechen. Ich teile den Schmerz um Rußland, den diese Patrioten empfinden und der aus ihren Reden zu hören ist.

Der Philosoph und Christ Viktor Antonov spricht, er führt Zahlen an, die uns wenig bekannt sind und die sogar jetzt zur Zeit der Perestrojka nicht publiziert werden: In der Zeit der bolschewistischen Herrschaft sind siebzigtausend orthodoxe Priester gequält und getötet worden. Tausende von Kirchen wurden entweiht und zerstört. Heute rehabilitiert Gorbatschow den einen und den anderen von den getöteten Kommunisten, z. B. Trotzki, Bucharin. Aber braucht unser Volk diese Namen so sehr? Braucht es ihre marxistischen Ideen? Wir sind doch die Kinder des heiligen Sergej von Radonesch, des heiligen Seraphim von Sarov, des Metropoliten Weniamin. Rußland ist ein orthodoxes Land, der Kommunismus hat uns nur Leiden gebracht. Die Zuhörer unterstützen Viktor mit zustimmenden Rufen, sie klatschen Beifall, besonders als er die Namen des heiligen Seraphim und des heiligen Sergej nennt.

Ringsum stehen und gehen Ordnungsleute der Polizei, sie mischen sich nicht ein, nehmen keinen fest, sondern sind zu unserem Schutz da, was ungewöhnlich für uns alle ist. Und anscheinend auch nicht umsonst. Irgendeinem gefällt das ganze Meeting nicht, ein Handgemenge beginnt – das kommt fast jeden Donnerstag vor –, jemand ruft: „Provokation", eine andere Stimme: „Gib's ihm", eine dritte: „Faß ihn nicht an". Die Rauferei flaut allmählich ab. Viktor beendet seine Rede mit dem Aufruf, Geld für eine Kirche zu sammeln, die den russischen Märtyrern des 20. Jahrhunderts gewidmet sein soll. Das Publikum applaudiert mit großer Begeisterung. Mir gefällt, daß Viktor seine Rede mit einem solch konkreten Ausruf beendet hat. Konkretion ist christlich. Wir weinen zu oft nur über unser Schicksal, reden von unseren Sorgen und Ängsten und machen die Menschen mutlos, während jedes christliche Wort doch den Menschen mit der Welt versöhnen soll, Trost spenden und Hoffnung hinterlassen soll.

15.7.88

Auf dem Friedhof neben der Troize-Sergiever Lavra haben die Menschen inzwischen die Gräber sauber gemacht, wo die in unserem Jahrhundert gefolterten Mönche aus diesem großen Kloster beerdigt sind. Sie stellen auch schon Täfelchen auf mit deren Namen, dem Geburts- und Todesjahr. Unser Volk hat keinen von diesen leuchtenden Trägern des Glaubens vergessen. Und auf dem Seraphimer Friedhof, wo Dutzende von Christen nach ihrem Erschießungstod begraben worden sind, sind die ganzen letzten zehn Jahre hindurch jeden Tag frische Blumen niedergelegt worden.

16.7.88

Ich besuche eine andere öffentliche Massenversammlung. Im Michailov-Park trifft sich die „Wacht des Friedens". Hier werden andere Reden gehalten, hier spricht man weniger von der Nation und der Religion, man spricht mehr von „Pluralismus", „Demokratie", „Gleichheit" usw. Von 12 Uhr mittags bis 19 Uhr abends hören die Reden nicht auf. Fast alle sprechen mit Leidenschaft, ein paar lesen vom Papier ab. Einige wenden sich an das Publikum mit dem Wort „Genossen", andere mit dem Wort „Landsleute", ein Redner zitiert Lenin, ein anderer erklärt: „Ich bin ein prinzipieller Antikommunist." Fast jeder Satz der Redner ruft im Publikum die entgegengesetzten Reaktionen hervor – Spott, Pfiffe, Rufe wie

„prächtig, prima" oder das Gegenteil „Verleumdung", „mach, daß du fortkommst". Ich selbst verspürte mehrmals große Lust, etwas Zustimmendes oder Ablehnendes zu rufen – so sehr war die Atmosphäre angeheizt. Man hat den Eindruck, auf einem Vulkan zu sitzen. Aber gleichzeitig sehe ich, daß diese Demokraten keine echten Werte haben. Demokratie – dieses Wort braucht schon lange eine Erklärung. „Macht des Volkes" – für mich ist das die Macht der tiefen Werte des Lebens und des Todes, die Macht des Geistes. Die Sprache der Politik ist heute so ungewöhnlich leer und doppeldeutig, die Losungen gehören immer der Vergangenheit an, es sind bloße Worthülsen, Munitionen für den Haß oder Mittel für andere Verblendungen. Ich bin hin- und hergerissen. Einmal möchte ich und dann möchte ich mich doch auch wieder nicht an dieser Versammlung beteiligen. Meine Gedanken werden in der Tat von einem der Redner ausgedrückt. Ein junger Mann mit ruhigem Gesicht und hellbraunem Bart, Zeichen eines neubekehrten Intelligenzlers, sagte: „Habt ihr euch etwa hier versammelt wie zu Zeiten der Französischen Revolution? Wieso führt ihr so nichtssagende Worte wie zum Beispiel ‚Gleichheit' im Mund? Ungleichheit kann noch gerecht sein, die Gleichheit niemals. Und überhaupt gibt es in der Welt nur eine einzige Gleichheit – die Gleichheit der Hypostasen in der Heiligen Dreifaltigkeit. Ihr führt euer Streitgespräch auf einem äußerlichen, oberflächlichen Niveau, auf dem Niveau der Zivilisation, man sollte das Streitgespräch aber auf dem Niveau der Kultur und des Geistes führen. Solange ihr eure Werte nicht offen darlegt, sagt ihr sowieso nichts anderes als Gorbatschow."

Später ging ich zu dem jungen Mann hin, er war schon von einer kleinen Gruppe von Menschen umgeben. Die jungen Leute fragten ihn: „Wo können wir diese Werte finden?" – „Kommt zu uns, in die Kirche", war die Antwort des Redners.

18.7.88

In Vsevoloschk in der Dorfkirche bei Vater Alexander. Er wird offensichtlich nie müde – er ist ein Bündel an Energie, einer Energie, die nicht geballt ist, sondern leicht, die fliegt, die stark und weise ist und die Richtung zeigt. Sein Gesicht sieht in der Tat gequält aus, den ganzen Sommer hat er mit Katholiken und Protestanten verbracht, er hat Delegationen empfangen, die angereist waren, um die Tausendjahrfeier der Taufe Rußlands zu begehen. Und so wie unsere russischen Geistlichen ihre Gäste empfangen, so empfängt wahrscheinlich kein anderer, auf jeden Fall habe ich anderswo noch keine solche Gastfreundschaft, keinen so reich beladenen Tisch – und das in einem Land, wo Hunger herrscht – und keine solche grenzenlose Freude angetroffen. Müdigkeit ist keine Eigenschaft des modernen russischen Priesters, weil Müdigkeit eine Sünde ist, sie trennt die Person von den Menschen und zeugt davon, daß unsere Liebe nicht vollkommen ist, daß sie „die Vielzahl der Sünden nicht zudeckt". Vater Alexander ist auch nach zwei Gottesdiensten und 50 Taufen, nach einer Andacht und einer Seelenmesse noch munter und bittet uns, bei ihm zu bleiben.

Der Kirchenvorsteher Danilytsch kommt, ein stiller Mann, der mit seinen siebzig Jahren noch sehr jung aussieht. „Vater Alexander und ich haben schon in den letzten sieben Jahren vor der offiziellen Perestrojka, als die „Umgestaltung" zum Parteiprogramm wurde, ‚umgebaut' und ‚umgestaltet'", sagt er. In der Tat: Sie haben die

Kirche zu einer Zeit restauriert, als es praktisch unmöglich war, eine Erlaubnis dafür zu erhalten. Die Kirche, die heute wie eine geschmückte Braut dasteht, mitten in einem Kiefernwald, war früher ganz zusammengefallen. Die Behörden hatten vor, sie dem Erdboden gleichzumachen, weil die Decke jeden Augenblick einzustürzen drohte. Aber dank der Bemühungen von Vater Alexander und durch der Hilfe aller Gläubigen wurde die Kirche nicht nur wiederhergestellt, sondern sie strahlt heute auch von innen heraus. Es ist eine kleine Holzkirche, die ganz und gar erfüllt ist von dem Rauch der Kerzen. Die Menschen in ihr singen so aufrichtig, mit solcher Inbrunst und Unmittelbarkeit, daß alles „Offizielle" unmöglich wird.

Danilytsch erzählt von sich selbst: „Ich beginne jeden Tag damit, daß ich vom Morgen an für die Lebenden und die Toten bete: Dann ist der ganze Tag leicht. Die Kirche lasse ich nie im Stich, und ich sage zu meiner Frau: Die Kirche ist mein wichtigstes Haus, alles übrige läuft unter Nummer zwei. Ein Unglück hat mich getroffen, ich trage ein schweres Kreuz: Meine Frau ist krank, der Dämon spricht oft in ihr. Ich habe sie schon zu allen berühmten Starzen und Starzinnen gebracht. Bisweilen ist sie schon beim ersten Wort des starken Gebetes dieser Menschen sofort auf den Boden gefallen. Aber dann kehrte die Krankheit immer wieder zurück."

Danilytsch liebt Vater Alexander und hängt an ihm (ja, wer ist nicht von ihm begeistert): „Unser Väterchen ist niemals in Eile, er hat Zeit für alle. Er bricht nie ein Gespräch ab, indem er sagt, er habe jetzt einen Termin. Und alle, alle empfängt er und hört sie an."

Auch wir konnten uns davon überzeugen, daß es so ist. Heute wurden 50 Menschen getauft (die Zeit von 7–13 Uhr ist für Taufen vorgesehen). Aber als wir uns schon zu Tisch gesetzt hatten, kamen noch zwei junge Leute, sie wollten nicht „schnell" getauft werden, sie hatten gewartet bis zum Schluß, bis alle anderen getauft waren (viele Kleinkinder, aber auch Erwachsene), um das Geheimnis in seiner ganzen Kraft und Fülle zu erleben. Vater Alexander wies auch sie nicht ab und verließ uns für einige Zeit.

18.7.88

Ich treffe alle früheren Freunde wieder, das Zusammensein mit ihnen ist ein echtes Fest. Im Westen hat man mich oft nicht als die angenommen, die ich bin, sondern als Vertreterin einer Rolle: Ich vertrat für meine Zuhörer die russischen Frauen, die russischen Christen. Aber hier braucht man mich selbst, man will nicht meine Themen, mein Geld oder meinen Ruhm. Einen solch unmittelbaren Umgang kenne ich fast nicht mehr. Wie gut ist es, daß es Menschen gibt, mit denen man immer wieder von vorn beginnen kann, die nicht müde werden, sich zu öffnen für das Neue, die keine Angst haben vor tiefen und echten Beziehungen, keine Angst vor Liebe und Freundschaft fürs ganze Leben.

Es kommen auch Leute, die ich nicht kenne und die mir neu sind. In der Tat sind sie mir und uns allen sehr ähnlich. Ich spreche lange mit Olga, höre ihr zu.

Olga ist von Beruf Literaturwissenschaftlerin. Sie sagt: „Mit meinem eigenen Verstand kam ich nur zu dem seifig gemachten Strick, zur Schlinge. Mit 29 Jahren stand ich allein da, ohne Freund, ohne Ehemann, mit zwei kleinen Kindern. Es gab natürlich eine Menge Bekannte, sie denken an dich, wenn du kommst, und vergessen dich sofort wieder, sobald du die Türe hinter dir zumachst. Da betrat ich zufällig eine Kirche in einem der Vororte von Leningrad. Der Priester fragte mich, als er meinen Wunsch, getauft zu werden, gehört hatte: ‚Kennst du die Gebete des Herrn?' – ‚Beinahe' antwortete ich. ‚Gehe hin, und lerne sie, dringe in sie ein, und dann komm wieder, und laß dich taufen.' Bald darauf ließ ich mich selbst und meine Kinder taufen. Damals wurde ich auch krank, ich hatte eine Geschwulst und dachte, es sei Krebs. Ich wollte auch nicht zum Arzt gehen. Der Priester schickte mich ins Krankenhaus, dort saß die ganzen fünf Tage lang ein Mönch bei mir. Ich hatte ihn früher nicht einmal gekannt, aber er wurde in der Folgezeit mein bester Freund. Damals habe ich verstanden, daß es ganz andere menschliche Beziehungen gibt, bei denen nichts und nie etwas in Vergessenheit gerät." Olga ist oft nach Ust-Narva zu dem berühmten Vater Vassilij gefahren. Nicht weniger als hundert Pilger wohnen bei ihm (in seiner Nähe). Und irgendwie bringt er sie alle unter. Er ist ein berühmter Arzt, ein Exorzist. In den Jahren der Stagnation, lange vor Gorbatschow, hat Vater Vassilij schon fünf Kirchen errichtet. Ohne Erlaubnis der Behörden. Und niemand hat es vermocht, ihm hineinzureden. Die örtlichen Vorgesetzten sagen zu ihm: „Zeigen Sie Ihr Projekt vor, den Plan der Kirche, die Sie bauen wollen." Und er zeigt die schon fertiggestellte, neue Kirche vor, die seine geistigen Kinder in äußerst schneller Zeit gebaut haben. Oft wurde Vater Vassilij nach Pskov zu dem Regionalbevollmächtigten bestellt (der Bevollmächtigte in Pskov ist in der ganzen Gegend für seine verhältnismäßig sanfte Art bekannt). Einmal wurde er getadelt wegen der Teilnahme von Kindern am Gottesdienst: „Warum sind bei Ihnen so viele Kinder in den Gottesdiensten? Und überhaupt haben Kinder in der Sowjetunion nach 9 Uhr abends nicht mehr das Recht, an schauspielerischen Maßnahmen teilzunehmen." Bei Vater Vassilij nehmen die Kinder mit Freude an der ganzen Osternachtliturgie teil. Vater Vassilij antwortet dem Bevollmächtigten mit einem Zitat aus der Bibel: „Dem wird es schlechtgehen, der eines dieser Kleinen in Versuchung führt, es wäre besser, man würde ihm einen Mühlstein an den Hals hängen und ihn im Meer ertränken." – „Wir haben in der Tat kein Meer da, wir haben nur den Tschudsee, aber die Sünde bleibt die gleiche. Bei den Atheisten werden die jungen Leute zu Alkoholikern, und schon die Kinder fangen an zu trinken, sie kommen zum Terrorismus, aber bei mir beten sie. Was soll daran Schlechtes sein?" Der Bevollmächtigte flüsterte dem neben ihm sitzenden Major vom KGB zu, daß man angeblich aus Unbedachtsamkeit Vater Vassilij zur Priesterweihe zugelassen habe und daß man jetzt nichts mehr machen könne. Und eben dieser Major lief, als Vater Vassilij zur Tür hinausgegangen war, hinter ihm her, drückte ihm die Hand und sagte: „Ich bin ganz mit Ihnen einverstanden, Vater Vassilij, ich habe auch Kinder, die heranwachsen."

In der Zeit der Perestrojka wurde das Verhältnis zur Kirche spürbar anders. Überall werden die Religionsbevollmächtigten durch andere ersetzt; auch jetzt kommen nur auf Herz und Nieren geprüfte Atheisten an solche Stellen, aber unter ihnen gibt es keine Grobiane und Sadisten mehr (früher war es oft so, daß die Bevollmächtigten die Priester schlugen). Jetzt macht der Bevollmächtigte dem Priester keine Vorwürfe mehr, weil dieser „eine Totenmesse auf dem Friedhof gehalten hat" (früher war das verboten), er verlangt nicht mehr die Listen derjenigen, die getauft wurden. Anscheinend wacht er tatsächlich vor allem darüber, daß die Kirche getrennt vom Staat existiert. Bis jetzt wagt die Kirche es nicht, karitativ tätig zu werden und publizistische Aktivität zu entfalten, obwohl davon gesprochen wird. Aber in der Kirche geht alles langsam vor sich, viel langsamer als in der Welt. Dafür aber ist es dauerhaft, tief und für immer.

22.7.88

Im Fernsehen und in den großen, überregionalen Zeitungen äußern sich jetzt immer wieder Vertreter der Kirche. Früher war es unmöglich, daß sie öffentlich auftreten und reden konnten. Innerhalb dieser wenigen Monate hat sich das Verhältnis auch der „normalen Leute" zu den Christen entscheidend geändert. Der Beamte, der sich um mein Visum kümmert, sagt: „Das Christentum ist eine gute und patriotische Sache, die Christen haben das Vaterland während des großen Krieges besser als alle anderen verteidigt." Eine andere, allem Anschein nach ungläubige Frau sagt zu ihrer Nachbarin im Autobus: „Warum sind in unserem Land die Christen so lange verfolgt worden? Es sind doch auch anständige Menschen, ehrlich sind sie, und sie verzeihen allen."

Galina erzählt mir von ihrer Arbeit im Kreis der Familien mit mehreren Kindern. Alle diese Menschen verstehen, daß man die Familie nur durch den Glauben an Gott zu neuem Leben erwecken kann. Sogar die Atheisten verstehen das. Galina sagt: „Ich kenne jetzt in Leningrad wenigstens drei echte Väter." Die Autorität des Ehemannes ist in unserer Gesellschaft sehr niedrig, die Autorität des Vaters ist praktisch verschwunden. Die Familie wird von der Frau geleitet. Wie oft muß man ein Gespräch zwischen Frauen anhören, wo die eine zur anderen sagt: „Na du, gibst du deinem Mann noch Geld?

Du hast ihn doch ganz aus seinen Pflichten entlassen." Einer der drei Galina bekannten „beispielhaften" Väter ist Kommunist. Aber auch er bittet Galina ständig um religiöse Literatur.

24.7.88

Heilige apostelgleiche Olga, bitte bei Gott für uns! Mich berührt besonders, mit welcher Hingabe das ganze Volk die Lieder singt: „Symbol des Glaubens", „Gottesgebärerin, Jungfrau, freue dich", „Vater unser". Es singt sie in die Länge gezogen, mit Inbrunst und inständigem Flehen, gleichzeitig aber auch mit Kraft. Mit der ganzen Kraft seiner Seele, aber voller Harmonie. Die Liturgie ist tief, ein Fluß, ein Ozean, in dem unsere kleinen persönlichen Gebete gereinigt und umgestaltet werden.

Während der Kommunion trat eine etwa siebzig Jahre alte Frau zu mir, sie fragte mich im Flüsterton: „Was muß man tun, um die heilige Kommunion empfangen zu können?" Ich antwortete ihr, daß zuerst das Väterchen die Beichte abnimmt und daß man ab zwölf Uhr in der Nacht nichts mehr essen dürfe. Und man müsse Gebete sprechen, sein Herz zur Reue einstimmen. Anscheinend war diese alte Frau zum ersten Mal in die Kirche gekommen.

Das Neue, das sich mir nach meiner achtjährigen Abwesenheit auftat, ist die Hinwendung unserer Elterngeneration zu Gott. Früher hatten sie nicht selten ihre neubekehrten Kinder in psychiatrische Kliniken geschickt – ein solcher Schock war das Christentum für sie.

29.7.88

Ich habe mich mit Georgij von der Gesellschaft „Miloserdije" (Barmherzigkeit) getroffen. Der bekannte sowjetische Schriftsteller Granin hat öffentlich erklärt: „Wir werden eine Gesellschaft mit dem Namen ‚Barmherzigkeit' gründen, aber wir werden ohne Gott auskommen." Doch die Barmherzigkeit ohne Gott entlarvte sich schnell. Fröhliche und laute Gruppen von Komsomolzen drangen in die Wohnung alleinstehender alter Frauen ein und organisierten dort für sich einen angenehmen Zeitvertreib, sie fragten die alten Frauen über den Krieg und über die frühere Zeit aus. Die Sache ging so weit, daß die Leute anfingen, sich vor dieser „Barmherzigkeit" zu fürchten. Es kam mehrmals vor, daß Hospitäler ganze Wagenladungen mit Tomaten zurückgehen ließen, als sie erfuhren, daß sie von der Gesellschaft „Barmherzigkeit" waren.

Jetzt haben selbst Granin und andere eingesehen, daß Barmherzigkeit vor allem eine Sache Gottes ist. Georgij sagt, daß sogar die Atheisten mehr Vertrauen zu den Leuten haben, die von der Kirche kommen, als zu den Komsomolzen.

Die Gesellschaft „Barmherzigkeit" wächst mehr und mehr durch den Zustrom von Christen an. Die Mitglieder denken daran, sich später einmal als selbständige Organisation „Christliche Tat" registrieren zu lassen. Bis jetzt haben sie weder einen eigenen Versammlungsraum noch einen Sekretär, nicht einmal eine normale Kartei. Sie machen die ganze Arbeit natürlich mit ihrem eigenen Geld. Von den Kollekten nehmen sie keine einzige Kopeke für sich. Auch Priester haben sich ihnen schon angeschlossen, aber es sind noch wenige bis jetzt; alle warten darauf, daß bald die schrecklichen Gesetze des

Jahres 1929 abgeschafft werden, die der Kirche bis jetzt verbieten, soziale Aktivitäten jeglicher Art durchzuführen. Dann könnte die Kirche auch wieder karitativ in der Gesellschaft wirken.

In die „Barmherzigkeit" treten viele Intellektuelle ein. Vor kurzem zum Beispiel kam ein junges Mädchen, eine Künstlerin, und sagte, daß sie schon seit langem Bilder malen könne, daß sie aber noch keine gute Christin geworden sei. „Deswegen will ich auch die Nachttöpfe der Kranken leeren."

Georgij und seine Freunde kommen auf ganz ungewöhnliche Dinge, um für den Unterhalt der notleidenden und kranken Menschen zu sorgen. So haben sie ein paar „Überfälle" auf die Armee gemacht, sie fanden einen General, der von ihrer Idee ergriffen war und seine Hilfe zusagte. Es stellte sich heraus, daß es unter den Beständen der Armee viele noch nicht gebrauchte Wagen gab, die schon Rost angesetzt hatten, die aber jetzt den russischen Invaliden sehr zu Nutzen sein können. Und vieles andere mehr hat die Gesellschaft aus den Lagerräumen der Armee erhalten.

Besonders schrecklich war die Erzählung von der Arbeit dieser Gesellschaft in einer psychiatrischen Klinik für chronisch Kranke, die man wie Vieh hält. In solchen Kliniken arbeiten oft vollkommene Sadisten. Sie lachen die Kranken aus, spotten über sie und schlagen sie. „Wir haben einfach zwei unserer körperlich starken Männer dorthin abgestellt, sie rechnen mit den Sadisten auf militärische Weise ab", sagt Georgij.

Weil ihre Barmherzigkeit von Gott kommt, wird die Liste der kleinen Wunder und unerwarteten Heilungen größer und reicher. In einem Altersheim fing plötzlich eine alte Frau, die man die ganze Zeit über für taubstumm gehalten hatte, zu sprechen an. Ihre Taubheit war nur das Symbol ihrer Einsamkeit, ein Selbstschutz, der unnötig wurde, als sie wirklich gute Menschen traf.

In der Gesellschaft arbeiten vor allem Invaliden selbst. Da sie an ihrer eigenen Haut erfahren haben, was es bedeutet, hilflos zu sein und abgelehnt zu werden, rufen sie oft an und bieten ihre Dienste an. Menschen, die sich selbst nur mit Mühe fortbewegen, wollen für andere sorgen.

Auch das Fernsehen hilft, es räumt der Gesellschaft ein paar Minuten Sendezeit pro Woche ein. Die „Barmherzigkeit" hat eine große Korrespondenz. Eine ihrer Aufgaben besteht darin, Menschen miteinander in Kontakt zu bringen, diejenigen, die leiden, mit denjenigen zusammenzubringen, die den Leidenden helfen möchten.

Georgij saß im Gefängnis wie viele andere „aktive" Christen auch. Er wurde eingesperrt, weil er in der „Zeit der Stagnation" als illegaler unierter Priester gearbeitet hat.

„Und warum nicht als orthodoxer?" frage ich. „Jetzt bin ich ein orthodoxer, aber damals hat es mich so gedrängt, etwas zu tun; die Orthodoxen jedoch waren so wenig aktiv, daß ich bei den Unierten mitmachte", erklärt Georgij.

Wir können uns überhaupt nicht voneinander trennen. Die Kinder von der Gruppe „Barmherzigkeit" fragen mich aus über die karitative Tätigkeit der westlichen Kirche. Und da kann ich ihnen erzählen: von der Mutter Teresa (von ihr haben sie schon gehört), von Abbé Pierre und von Jean Vanier. Ja, hier können unsere Christen in der Tat vom Westen lernen.

1. 8. 88

Alle Minuten und Sekunden meines gemeinsamen Lebens mit den Menschen hier sind ein Fest. Unsere Liebe zueinander belastet weder sie noch mich. Alle Gespräche – Gott weiß, wo immer sie geführt werden: in kleinen Gärtchen, auf Treppenstufen, beim Flanieren durch die breiten Straßen von Leningrad, im Gras bei Regen – sind intensiv, ungewöhnlich, voll schöpferischer Perspektiven. Ich schlafe jeden Tag nur zwei bis drei Stunden, und das schon einen ganzen Monat lang. Ans Essen denke ich nicht, ich esse, was mir in die Hand kommt. Bisweilen scheint es mir, daß ich müde bin, aber diese Müdigkeit wird augenblicklich von dem ungeduldigen Wunsch überdeckt, meine Freunde zu sehen, mich an ihrem Dasein, an ihrer Art zu erfreuen. Wir beten gemeinsam. Jetzt gefällt mir auch das gewisse Chaos in ihrem Leben und ihr Hang zur Verschwendung: Sie schonen weder Geld noch Zeit. Nach der europäischen Diszipliniertheit ist das natürlich ungewöhnlich, ich verspüre große Lust, vieles „in den Rahmen zu bringen", ich tadle sie alle wegen ihrer Trägheit, wegen ihrer Unorganisiertheit. Aber ich erhole mich im Kreise dieser Menschen, deren Seelen weit offen stehen, im Kreise dieser „weiten Naturen", bei ihrer Einfachheit und Arglosigkeit fühle ich mich wohl. So weit und unermeßlich wie sie ist Rußland selbst.

Ich freue mich, daß die Epoche der Perestrojka so viele Gruppen, Organisationen und Clubs ins Leben gerufen hat. Aber ich sehe, daß hier auch ohne formale Prinzipien eine tiefe Verbundenheit da ist. Nachdem ich vergeblich versucht habe, ein ähnliches intelligentes Milieu im Westen zu finden, nach den kühlen Treffen mit den französischen Intellektuellen, wo jeder für sich blieb und nicht auf den anderen zuging, wo eine blasse, höfliche Freundlichkeit herrschte, scheint die russische „Kindlichkeit" gleichsam von einem anderen Stern gekommen zu sein. Hier macht man nicht nur wohltätige Gesten, hier liebt man es, den anderen zu lieben, und in dieser Kameradschaftlichkeit gibt es das „Meine" nicht, alles ist unsere gemeinsame Sache, bis hin zum Geld oder angefangen beim Geld.

2. 8. 88

Prophet Gottes Elija, bitte bei Gott für uns! Auch in der orthodoxen Kirche ist fast jeder Tag ein Festtag. Gestern war der Tag des heiligen Seraphim von Sarov, heute ist die Kirche noch überfüllter – unser Volk liebt den Propheten Elija mit dem Feuerwagen.

Unsere kleine Kirche in Form eines Zeltes ist wie eine Blütenknospe, in die man eintreten kann. Schon das ist gleichbedeutend mit einem Wunder: Mit meinem inneren Blick sehe ich ganz klar, wie Ströme von warmem Gebet durch den Innenraum der Kirche ziehen. Als ob der Raum nicht nur von Menschen, sondern auch von Engeln erfüllt sei, als ob die Sonne durch die Reihen der Betenden ginge oder der Prophet Elija selbst auf seinem Feuerwagen daherrollt. Kerzen brennen warm und knisternd, wie eine Woge steigt das Gebet auf, bald verbirgt es sich vor uns, bald materialisiert es sich im Raum, so daß die Luft selbst ein dichter Klumpen von Liebe wird, kompakte Freude, ein Element des Glücks.

Während des Gottesdienstes in der überfüllten Kirche können sich die Mütter und Väter mit ihren Kindern, die gerade erst getauft wurden, immer noch irgendwie durch die Menschenmenge drängen, jetzt werden die

Kinder zur heiligen Kommunion geführt und in die Mahlgemeinschaft aufgenommen. Es gibt auch Mütter und Väter, die sich selbst taufen lassen. Der fröhliche Lärm, das Weinen der Kinder und das Durcheinander der Freude stören den Ablauf des Gottesdienstes in keiner Weise. Es erstaunt mich sehr, wie genau die Plätze in der Kirche aufgeteilt sind, wie keiner den anderen stört (fast traumwandlerisch habe ich mir den Platz bei der Gottesmutter von Tichwin ausgewählt). So dicht stehen die Menschen, daß nirgendwo auch nur ein Apfel hindurchfallen könnte; es sind auch ein paar da, die zum ersten Mal in die Kirche hereingekommen sind und nicht wissen, wie sie sich benehmen sollen – die Musik des Paradieses, der Feierlichkeit, der Reue und des Sieges wird durch nichts gestört. Nach der Liturgiefeier gibt es immer eine kurze Andacht (in einer Ecke der Kirche), während ein anderer Priester zur gleichen Zeit eine Totenmesse hält – die Kirche ist klein, und doch kann alles gleichzeitig stattfinden, völlig unabhängig voneinander.

Heute habe ich mich mit meiner Freundin Natascha K. getroffen, die ich schon seit zwanzig Jahren kenne. Sie ist Christin geworden, seit wir uns das letzte Mal sahen. Ihre Haare sind jetzt ganz grau, aber das Gesicht ist viel jünger als früher.

Während meiner Abwesenheit aus Rußland heiratete Natascha und ließ sich wieder scheiden, da das Leben für sie in der Ehe nicht mehr auszuhalten war. Sie suchte ihr Heil bei Yoga. Mit einer Gruppe von Yoga-Freunden fuhr sie, um „Energie" zu holen, ins Frauenkloster Pjuchtiza. Die Nonnen gaben ihr Literatur, vor allem die asketischen Aufsätze der Heiligen Väter.

„Hast du gleich verstanden, daß es das ist, was du brauchst?" fragte ich.

„Ja, schon von den ersten Sekunden an hatte ich volles Vertrauen zu diesen Texten. Aber als einer der Pilgerinnen, Irina, in meiner Anwesenheit anfing, Kritik an Yoga und an meinen Yogafreunden zu üben, wurde ich zornig und nahm sie in Schutz."

So kam es zwischen Natascha und Irina fast zum Bruch. Als ihr Verhältnis nur noch an einem seidenen Faden hing, entschied sich Irina für das letzte Mittel: Sie schickte Natascha zu dem großen Starez, Vater Viktor in Riga, und gab ihr ein Begleitschreiben an ihn mit. Von Vater Viktor hatte Natascha schon früher gehört. Als sie im Kloster in Riga angekommen war, traf sie ihn dort auch: Er eroberte augenblicklich Nataschas Verstand, ihr Herz und ihre Seele. Es begannen die Übungen im Gehorsam. Einige der Vorschriften schienen Natascha zuerst völlig unerfüllbar.

„Fürchte dich nicht, versuche es", sagte Vater Viktor, und er blieb immer siegreich.

Er gab Natascha den Segen, und sie durfte einen Monat in seinem Kloster leben. Zuerst war es schwer, so „als ob der ganze Schmutz, die ganze Unreinheit vom Grunde der Seele nach oben käme". Natascha, ein von Natur aus guter Mensch, begann sich plötzlich zu ärgern, sie schloß sich sogar einer Gruppe von verärgerten jungen Leuten an, die sich gegen das ganze Kloster verschworen hatten. Vater Viktor drängte sich nicht auf, er sagte nur, Natascha solle das Jesusgebet immer wieder sprechen. „Warum brauche ich das alles, dieses Gebet und diesen geistigen Vater?" dachte Natascha in ihrem Herzen. Dann, als sie das Kloster schon verlassen hatte, bereute sie in einer Beichte alle diese Gedanken. Der Priester erklärte ihr: Eine solche Reaktion ist natürlich, alles Schmutzige muß nach außen kommen und verbrennen. Als sie nach Hause gekommen war, schlug sie die Schriften des heiligen Johannes Klimakus auf und las gerade das, was sie im gegebenen Moment brauchte: „Wenn ein Sturm dich so stark geschüttelt hat im Beisein eines Beichtvaters, was wäre dann erst, wenn du keinen Beichtvater hättest?"

Aus Nataschas Erzählungen über den großen Starez, Vater Hermogen:

Als ich an einem trüben und regnerischen Tag nach Petschory kam, erschien mir das Kloster kalt und düster. Außerdem waren an jenem Tag viele Besessene da, und die Gesichter der Mönche sahen – wie es mir schien – nicht freundlich und entgegenkommend aus.

Da plötzlich kam Leben in die Menge der Pilger – der helle und gute Vater Hermogen trat aus seiner Zelle heraus. „Euch allen gilt mein Segen" – mit unbeschreiblicher Liebe spricht er jedes Wort aus. Er selbst ist klein an Wuchs, den Kopf hat er etwas in den Nacken gelegt, und so schaut er nach oben. Ein Brunnen der Freude, der Liebe.

Nach der Liturgiefeier empfing er etwa zwanzig Leute bei sich. Natascha konnte vielen Gesprächen zuhören. Das berichtet sie: Eine Frau beklagt sich über ihre Bekannte: „Sie redet mir Übles nach, Väterchen. Und dabei ist sie gläubig."

„Ist das wahr, sie ist gläubig?" fragt Vater Hermogen nochmals.

„Ja, sie ist gläubig, sie betet."

„Betet sie wirklich?"

„Sie betet sogar viel."

„Dann schau jetzt mal auf sie, wenn sie betet, das ist auch sie selbst, und eine andere gibt es nicht." Mit diesen Worten beendet der Starez das Gespräch.

*

Ein junges Mädchen aus der Intelligenzija kommt mit einer ganz anderen Frage zu ihm:

„Väterchen, ich habe einen Freund, der die ganze Zeit von der Seelenwanderung und der Reinkarnation spricht."

„So etwas kann es nicht geben. Vor Gott bist du einzigartig, vor ihm bist du der größte Schatz, das am meisten geliebte Kind, eine Wiederholung von dir kann es nicht geben."

*

Eine alte Frau sagt Vater Hermogen, daß sie krank sei, daß sie aber, da sie gläubig sei, nicht zu einem Arzt gehen wolle.

„Und der Arzt, ist er nicht von Gott bestellt? Nur die Heiligen konnten sich unmittelbar an den Himmel wenden, wir aber, sündige Menschen wie wir sind, brauchen die Ärzte noch."

*

Noch ein Intellektueller kommt.

„Väterchen, segnen Sie mich, ich möchte in die Schule gehen und Geschichte unterrichten und so den Kindern von Gott erzählen."

„Nein, ich segne dich noch nicht. Ich kenne dich und sehe deine Seele. Du möchtest alles sagen, unbedingt alles, bis ins Letzte. Jetzt verhaftet man dich dafür nicht, man entläßt dich nicht einmal aus der Arbeit, jetzt ist eine andere Zeit angebrochen, aber du selbst wirst schnell müde und matt und wirst dich dabei übernehmen. Die Kinder sind noch nicht fähig, das aufzunehmen, was du ihnen mitteilen willst."

Und so sprach er mit jedem Menschen. Er ist ganz Besonnenheit, Weisheit, Größe und Liebe.

Heute hatte ich noch eine wunderbare Begegnung. Vater Vladimir. Ein Mann meiner Generation. Er ist vierzig Jahre alt und ein Mann meiner Erfahrung: Er ist durch alles hindurchgegangen – Nihilismus, Trunksucht, seelische Dramen, das Aufflammen von Hochmut und Verzweiflung, psychiatrische Klinik, – wo auch die von ihm selbst zum Wahnsinn getriebenen Frauen saßen.

Jetzt ist er ein Mönch, ein Priester. Er lebt in einem Dorf in der Nähe von Pskov. Dort lieben ihn nicht nur die Einwohner des Ortes. Bei Vater Vladimir wohnt immer jemand; junge Leute, die Intelligenzija aus Moskau und Leningrad kommen mit Freude und Begeisterung zu ihm.

Vor einigen Wochen hat er selbst einen ganzen Monat in Leningrad verbracht. Er mußte ins Krankenhaus, da er plötzlich akut erkrankte. Sobald das hohe Fieber vorbei war, erklärte Vater Vladimir (es war im großen Speisesaal nach dem Mittagessen): „In diesem Jahr begehen wir die Tausendjahrfeier der Taufe Rußlands. Alle, die sich mit dem Christentum bekannt machen wollen, können heute abend um acht Uhr in diesen Speisesaal zu mir kommen. Ich fange an, Vorlesungen zu halten." Alle hatten verstanden, das würdevolle Aussehen und der Bart verrieten, daß ein Priester gesprochen hatte.

Gegen acht Uhr abends, schaute Vater Vladimir verstohlen von einem anderen Saal aus in den Speisesaal hinein, um zu sehen, ob jemand zur Vorlesung gekommen war. Da sah er, daß der ganze Speisesaal voller Leute war, es gab keinen Sitzplatz mehr, die Leute standen, die Plätze reichten nicht aus für alle.

Zuerst schlug er das Evangelium auf und begann langsam und mit Andacht zu lesen. Danach sprach er vom Christentum. Im Laufe eines Monats erzählte er von der Geschichte der Kirche, er machte seine Zuhörer mit den Biographien der Heiligen bekannt, er beantwortete Fragen, erzählte von sich selbst und seinem Weg zu Gott, er nahm die Beichte ab und gab Ratschläge, er wurde zum Priester dieses Krankenhauses. Und das ungewöhnliche: keiner der Ärzte und keiner aus der Klinikadministration hat Vater Vladimir dafür getadelt. Nur einmal kam der diensthabende Arzt verärgert zu ihm und sagte: „Was fällt Ihnen ein, hier religiöse Propaganda zu verbreiten?" Vater Vladimir gab ihm zur Antwort: „Sie sind Arzt und werden immer Arzt bleiben, wo immer Sie auch sein werden. Und so ist es auch mit mir. Ich bleibe Priester, wo immer ich mich auch befinde."

9. 8. 88

Der Tag des großen heiligen Märtyrers, Wundertäters und Arztes Panteleimon. In unserer Kirche sind heute, wie immer, viele alte Frauen aus dem Dorf. Aber es sind auch viele junge Leute da. Mehr noch als sonst. Aus Moskau kamen zu uns Theologen der Zeitschrift „Auswahl", die im Samisdat erscheint.

Vater Alexander erzählte in seiner Predigt von dem großen Seelenarzt Panteleimon, und er fügte hinzu, daß heute „die gebildetsten und größten Geister im Lande in die Kirche kommen, um ihre Seele heilen zu lassen". Worauf sich die alten Frauen andächtig verneigten und sich bekreuzigten. „Aber", fuhr Vater Alexander fort, „das kommt von eurer Treue, von eurem Gebet. Ihr seid es, ihr Frauen tragt das Gefäß mit der Heiligen Salbe, ihr habt die Kirche gerettet, indem ihr der Jugend den Zugang zu ihr geebnet habt.“ Worauf sich die alten Frauen noch mehr bekreuzigten, anscheinend hatten sie die Worte des Priesters nicht einmal ganz verstanden, anscheinend wandten sie diese in ihrer Demut nicht auf sich selber an.

Dann fand ein Fest statt wie immer. Wir saßen lange im kleinen Haus des Kirchenvorstehers zusammen und sprachen davon, wie wichtig für Rußland heute das Wort ist, nämlich eine christliche Zeitschrift. Wie die Menschen bereit sind, Hunger und Kälte zu ertragen, wenn sie nur, und sei es für noch so viel Geld, die Bibel und die Kirchenväter bekommen können.

Petschory, 6. September 88

Das Kloster Petschory ist, von außen gesehen, eine unzugängliche Festung. Wir nähern uns seinem Haupteingang. Über dem Tor ist die Ikone „Entschlafung der Mutter Gottes". Das ist ein Fest, das die Russen über alles lieben. Auf einer kleinen Holz-Bank sitzt ein Mönch und läßt die Vögel aus seiner Hand Futter picken. „Sie sind unsere Freunde", sagt er. Ins Kloster führt uns der junge Novize Igor, ein Mann von etwa dreißig Jahren. Er ist erst verhältnismäßig kurz im Kloster: In den letzten Jahren haben siebzig Mönche das Kloster verlassen, weil es keinerlei Möglichkeit gab, dem harten und ungezügelten Wesen des Klostervorstehers Gavril beizukommen. Erst vor kurzem wurde er seines Amtes enthoben. „Und wenn schon jemand im Laufe dieser schwierigen Jahre in unser Kloster eintrat, dann waren das hoffnungslos verkommene und verlorene Menschen", kommentiert Igor, wobei er auf sich selbst anspielt.

Igor ist ein ehemaliger Hippie und Intelligenzler. Heute spürt man von seiner Vergangenheit überhaupt nichts mehr an ihm, er ist ein echter „russischer Mönch", sehr gesund und voller Kraft, körperlich wie geistig. In Igor findet man keinerlei nervöses Verzücken, mit seinen Gedanken und Gebeten lebt er aber in einer sehr hohen Region, die geistige Welt ist für ihn völlig real und einfach. Mir gefällt seine Ernsthaftigkeit, sein arbeitsames Wesen, vor allem aber auch seine Offenheit – und, daß er uns, die wir aus seiner chaotischen Vergangenheit angereist kamen, nicht verachtet. Er selbst macht den Vorschlag, uns das Kloster zu zeigen, uns in die Höhlen hinabzuführen, er bringt religiöse Literatur und bittet uns seinerseits um Bücher.

Wir gehen auf den gepflegten Wegen des Klosters. Igor zeigt uns die Zelle eines Mönchs, der ein Schweigegelübde abgelegt hat. Dieser Mönch lebt schon zwanzig Jahre lang gleichsam in einer anderen Welt, und andere Mönche helfen ihm, sogar ganz elementare Bewegungen zu machen, vom Bett aufzustehen usw.

Igor erzählt auch von einem anderen Mönch mit einem schütteren Bart – er riß sich jedesmal ein Barthaar aus, wenn ihm eine Versuchung in den Kopf kam.

Igor sagt, daß vor kurzem Kosmonauten ins Kloster gekommen seien, sie hätten einen kurzen Gottesdienst bestellt und gebetet. Sie erzählten, daß sie, als sie um die Erde geflogen seien, ein seltsames Schimmern gesehen hätten, obwohl es an dieser Stelle gar keine Lichtquelle geben konnte. Es war das die Säule des geistigen Lichtes, die über dem Kloster steht. Ich glaube eine solche „phantastische" Erzählung gerne. Ich spüre, daß ich in eine andere Welt geraten bin, in ein besonderes Mikroklima; meine Seele ist nicht nur ruhig, sie ist sogar so gesund geworden, so daß jetzt nicht einmal mehr der Tod Angst einflößt.

7. September 88

Heilige Märtyrer Adrian und Natalja, bittet bei Gott für uns! Abendgottesdienst in der riesigen, mit Sonnenlicht überfluteten und goldglänzenden Kathedrale des heiligen Erzengels Michael.

Wie ein Scheitel auf dem Kopf die Haare teilt, so ist heute die Kirche in zwei Hälften geteilt: Auf der rechten Seite stehen vorwiegend Männer, auf der linken die

Frauen. Noch vor zehn Jahren gab es viel weniger Männer in der Kirche als jetzt, und damals waren es vor allem Menschen aus dem einfachen Volk, Pilger mit den typischen Bauerngesichtern, die letzten Reste des „heiligen Rußland". Jetzt ist die Zusammensetzung der Beter ganz anders: Zusammen mit den Typen aus dem einfachen Volk und den Intelligenzlern (die es auch schon vor zehn Jahren hier gab) trifft man auch ganz „bürgerliche" Menschen, Leute aus der Mittelschicht, denen man überall im Büro, im Kino, im Restaurant begegnen kann. Das ist augenfällig: Der Sowjetmensch der Mittelschicht, nicht nur der Dissident oder der Gottesnarr, nicht bloß die Relikte der Vergangenheit gehen heute in die Kirche.

Die Kathedrale ist überfüllt mit Betern, es ist sogar schwer, Verbeugungen zu machen. Und noch eine Neuheit: Der Gottesdienst wird gefilmt, in der Kirche befinden sich junge Kameraleute vom Leningrader Studio für wissenschaftliche Filme. Nicht irgendein westliches Fernsehteam also, sondern unsere eigenen Leute – jetzt kann man fast jede Woche christliche Sendungen im sowjetischen Fernsehen sehen. Das Verhalten dieser jungen Leute in der Kirche gefällt mir, sie stören die betenden Menschen nicht nur nicht, sondern sie beten selbst auch, sie schlagen das Kreuzzeichen über sich, und man sieht richtig, daß es ihnen bisweilen peinlich ist, die Gesichter der Beter zu filmen. Aber wahrscheinlich drehen sie diesen Film mit der Zustimmung und dem Segen ihres geistigen Vaters, und deshalb muß man vieles überwinden und beiseite lassen, manchmal sogar seine besten, seine reinsten Gefühle.

Wir singen den Akathistos der Gottesmutter „Umilenije" [das heißt: Ergriffensein, Gerührtsein]. Ihre Ikone hängt auf der rechten Seite, sie leuchtet mit ihren wertvollen Steinen und strahlt wie eine Perle. Vor der Ikone stehen in zwei Reihen, die Gesichter einander zugewandt, die Mönche. Sie tragen silberblaue Gewänder von engelsgleicher, himmlischer Farbe. Auf dem Kopf tragen sie schwarze, hohe, zylinderförmige Mönchskappen mit langen flügelähnlichen Schleifen. Die schwarze Farbe läßt die Seele erzittern, hinter ihr steht das Geheimnis, die Furcht.

Von der Ikone der Gottesmutter „Umilenije", die heute verehrt wird, geht nicht nur ein physisches Leuchten aus, sondern auch die Glut der Liebe. Ein Dialog ist entstanden: Die Ikone gibt uns die Wärme und das Feuer der Gebete zurück, die sie im Lauf der Jahrhunderte aufgenommen hat. Langgezogen erklingt dann der Kehrvers: „Freue dich, du überaus gute Herrscherin, du Mitgefühl und unsere Rettung!"

Dies getragene Singen ohne Hast – das ganze Volk singt mit – ist, wie es im Kloster auch sein sollte, ohne das übliche Ausbreiten und Überschwappen der ganzen Seele. Die Menschen hier singen mit Verhaltenheit, aber aufrichtig und kräftig. In allem herrscht strenge Klarheit.

Der Gottesdienst dauert schon zwei Stunden. Das Gebet fängt an zu glühen, es lodert, aber plötzlich brechen in seinen freudigen Strom schreckliche, nicht-menschliche Laute ein. Wie ein Wind, wie ein Schneesturm wirbelten sie durch die Kathedrale. Es sind Besessene, von denen es im Kloster immer viele gibt. Eine Frau stößt Schreie aus, wirft sich immer wieder auf den Boden: „Es ist nicht nötig, nicht nötig!" Sie weint bitterlich, als der krankhafte Krampf nachläßt. Eine andere Frau schreit mit durchdringender Stimme: „Ich gehe hinaus, aber eine Sünde hindert mich daran." Diese Schreie gehen unter im mächtigen und harmonischen Gebetsseufzen der ganzen Kirche: „Halleluja, halleluja ..."

In Petschory sieht man die Welt nicht in ihrem geglätteten, verlogen ruhigen Zustand, sondern so, wie sie ist – ein Drama, Ausbruch des Inneren. In der Kathedrale sind viele Invaliden, Narren, in sich selber Selige, Menschen, nicht von dieser Welt. Ein hochgewachsener junger Mann mit fröhlichem Gesicht unterhält sich gleichsam die ganze Zeit über mit einem unsichtbaren Wesen, er gestikuliert und verändert dauernd seinen Gesichtsausdruck. Und wenn er nur ein ganz kleines Fleckchen Raum für sich findet, dann tanzt er und macht Luftsprünge. Ein anderer bekreuzigt sich fortwährend, wobei er sich mit seinem ganzen Körper wendet, als ob er sich mit einer Riemenpeitsche schlagen würde. Er unternimmt qualvolle Versuche, sich ein breites Kreuz auf der Brust festzumachen, und es scheint, daß jemand mit ihm, wie mit einer mechanischen Marionette, ein grausames und mitleidsloses Puppentheater spielt. Zu diesem „letzten Menschen", der wie „aufgezogen" wirkt, tritt der große Starez Hermogen heran, er berührt ihn leicht mit der Hand und sagt etwas in zärtlichem und warmem Ton zu ihm. Jener wird für einige Minuten ruhig, er verwandelt sich ganz in kompaktes Sehen und Hören, wird die Aufmerksamkeit selbst, wobei er seinen ganzen Körper dem Starez zuwendet.

Das Volk schenkt diesen „exzentrischen" Gesten, dem Schreien und Gestöhne keine besondere Beachtung, es weiß, daß das geistige Gesetz so ist, daß wir in der Kirche wie in einer Klinik sind, wir sind alle auf gleiche Weise krank, und wir tragen alle unser Kreuz, wir gehen alle am Rande des Abgrunds.

Ich bin nicht mehr an die russischen Gottesdienste gewöhnt. Und jetzt erscheint es mir sogar seltsam, daß sich im Gottesdienst niemand zur Schau stellt (wie mich das oft in der Emigrantenkirche in Paris betrübt hat). Die Ästhetik des Gottesdienstes ist so groß, so hoch und rein, daß jedwede Beliebigkeit sofort ausgelöscht wird, daß sie augenblicklich und unmerklich in den allgemeinen, gemeinschaftlichen Lobpreis der Liebe aufgenommen wird. Wer nicht bereit ist, seine Selbstzufriedenheit aufzugeben, der verläßt die Kirche schnell wieder.

Die Mönche und die Engel (die Mönche aber sind für uns ebenso Engel) sprechen dank des Lichtes miteinander. Das Licht und der Laut helfen einander; in der Liturgiefeier sind sie auf geniale Weise vereint. Die Liturgiefeier ist der einzige Ort auf der Welt, wo Raum und Zeit wirklich eins sind. An anderen Orten reicht entweder der Raum nicht aus oder die Zeit (oder beides zusammen nicht).

8. September 88

Heute erlebe ich einen großen Tag. Durch Gottes Gnade traf ich mit den beiden berühmten Starzen des Klosters zusammen – mit Vater Hermogen* und Vater Jakob.

Nachdem der Klostervorsteher Gavril endlich aus seinem Amt entfernt worden war, wurden die Begegnung und das Gespräch mit den Starzen wieder möglich. Das Volk drängt sich gewöhnlich im Hof des Klosters zusammen und wartet, bis beide Starzen vor dem Abendgottesdienst herauskommen.

Ich komme mit Vater Jakob ins Gespräch. Dieser von ferne streng aussehende Exorzist scheint in der Nähe die

* Die Namen der Starzen sind geändert.

Zärtlichkeit selbst zu sein. „Ja, trocken ist es im Westen", sagt er. „Trocken. Und du wirkst um siebzig Jahre gealtert. Komm zu uns zurück." – „Vorläufig gibt mir mein geistlicher Vater noch nicht den Segen dazu, für immer nach Rußland zurückzukehren", antworte ich.

Es schickt sich nicht, einen Starez aufzuhalten, wenn sich um ihn herum das halbe Land drängt, die Menschen haben echten Kummer, unlösbare Probleme und Sorgen. Ich spreche von nichts weiterem mehr. Aber er empfiehlt mir: „Komme häufiger zum Abendmahl, solange das noch möglich ist. Später wirst du die Kommunion empfangen wollen, und es wird keinen Ort mehr geben, wo du sie empfangen kannst." Dieselben Worte hat er gestern schon einer anderen Pilgerin gesagt und hat sie noch erläutert: „Jetzt werden viele Gotteshäuser wieder aufgemacht, aber das werden keine Kirchen mehr sein, es wird unmöglich sein, in sie hineinzugehen."

Am gleichen Tag traf ich auch mit Vater Hermogen zusammen. Zwei Starzen – das ist zuviel Gnade für einen Tag! Aber eine andere Möglichkeit wird es vielleicht auch nicht geben. Vater Hermogen ist voller Freude, voller Sanftmut wie kein anderer. Es wird erzählt, daß der Klostervorsteher Gavril, der die Mönche nicht selten auch schlug, auch Vater Hermogen einmal fest geschlagen habe. Vater Hermogen regte sich deswegen kein bißchen auf, im Gegenteil, er küßte dem Klostervorsteher die Hand.

Vater Vjatscheslav, selbst ein bekannter Priester, erzählt, daß er oft bei sich dachte: Gibt es etwas, das Vater Hermogen nicht lieben könnte? Er betete sogar darum, Gott möge ihm zeigen, was Vater Hermogen nicht liebt. Und da hörte er eines Tages, als er an dem Starez vorbeiging, diesen sagen: „Ich hasse den Juridismus."

Heute hat mich der Starez mit einer Gruppe von

Kunsthistorikerinnen von der Insel Walaam empfangen. Der Staat wollte diese Insel in einen Vergnügungspark, in ein sowjetisches Kalifornien, umwandeln. Dort steht aber – natürlich in zerfallenem Zustand – ein im vorrevolutionären Rußland sehr bekanntes Kloster. Jetzt bittet bzw. verlangt die Kirche und vor allem unser Bischof Alexij von Leningrad, daß das Kloster der Kirche zurückgegeben werden soll. Es wird ein erbitterter Kampf geführt, und die in Petschory angekommenen jungen Frauen, die ihre Institute und ihre alltäglichen menschlichen Beschäftigungen aufgegeben haben, haben ihre ganze Energie diesem Kampf für das künftige Kloster gewidmet. „Nicht einmal weltliche Bücher können wir dort lesen. Die Atmosphäre des Gebets und der geistigen großen Tat ist auf Walaam erhalten geblieben und so stark spürbar, daß wir nur die Bibel und geistliche Literatur lesen."

Vor ganz kurzer Zeit noch waren diese jungen Frauen hundertprozentige Atheistinnen. Irina arbeitete auf der Insel als Fremdenführerin für rein „wissenschaftliche" Exkursionen. Nachdem Sie den Touristen immer wieder von den Gehorsamspflichten der Mönche erzählt hatte, die hier vor hundert Jahren lebten, beschloß sie schließlich, selbst in Erfahrung zu bringen, was „Gehorsam" bedeutet. Sie fuhr ins Frauenkloster von Pjuchtiza und bat, daß man ihr eine Gehorsamspflicht auferlege. Im Laufe einer Woche führte sie die verschiedensten Tätigkeiten aus, oft waren es schwere Arbeiten. Aber sie ertrug sie. Bisweilen gab es das Gehorsamgebot, in die Kirche zum Gottesdienst zu gehen. „Da habe ich auch verstanden, was Kirche bedeutet, was Gott ist. Gerade das Gebot zum Gehorsam, das Absehen vom eigenen Willen hat mich zum Glauben gebracht."

Irina und Vera (sie sind nicht älter als 25 Jahre) sind

zum ersten Mal in Petschory. Mit Begeisterung und in schüchterner Wartehaltung schauen sie auf den großen Starez. Wir sitzen im kleinen Empfangszimmer des Klosters. Zusammen mit uns sind noch ein paar Menschen da, unter ihnen ein Mönch aus Griechenland, vom Berg Athos. Er unterhält sich gerade mit Vater Hermogen: „Bei Ihnen im Kloster ist alles gut, Vater, aber warum gibt es hier so viele Frauen?" sagt der Grieche. „Frauen dominieren bei uns überall. Am Torbogen des Klosters hängt zum Beispiel die Ikone ‚Entschlafung der Mutter Gottes'; unsere Herrscherin, die Himmelskönigin, ist dort abgebildet. Und die ersten Reliquien in unseren Höhlen gehören der heiligen Wassa, der Gründerin des Klosters. Und hier sehen Sie Frauen, die das Gefäß mit der heiligen Salbe tragen und sich für Walaam einsetzen. Wird es dort bei euch ein gemischtes Kloster, ein Frauen- und Männerkloster, geben?" fragt der Starez, indem er sich Irina und Vera schelmisch zuwendet.

Mich fragt er über das Leben in Paris aus, ich bemühe mich, mich kurz zu fassen, ich schäme mich, dem Starez wertvolle Zeit wegzunehmen. Dann zieht Vater Hermogen eine Schlußfolgerung: „Hier ahmen wir auch den Westen nach, wir wiederholen alle seine Fehler. Wir haben die schreckliche Französische Revolution nachvollzogen, jetzt droht uns eine noch schlimmere Prüfung – die ‚Perestrojka' wird zu geistiger Kraftlosigkeit, zu Gleichgültigkeit führen." – „Aber die russischen Märtyrer bitten immer noch für uns!" versuche ich zu erwidern. „Ja, das stimmt, Märtyrer sind eine große Kraft, wenn es Märtyrer sind, die nicht murren."

Vater Hermogen beschenkt uns reichlich mit Hostien und Ikonenbildchen; diese kleinen Ikonenbildchen, so unscheinbar dem Aussehen nach, erhalten für uns einen absoluten Wert. Sie sind Zeichen des Segens des großen Starez.

9. September 88

Das Wort „Petschory“ kommt vom Wort „Höhle“. In den Höhlen siedelten sich zuallererst Mönche an, dort waren ihre ersten Katakombenkirchen. Wir treten in dieses unterirdische Reich ein, in der Hand halten wir eine Kerze, unser Herz zittert, auf unserer Zunge liegt ein Gebet. Niemand kennt die Ausdehnung aller Höhlen (Hunderte von Metern, Kilometer?). Was vom Licht der an den Wänden befestigten Kerzen spärlich erleuchtet ist, ist nur ein kleiner Teil der großen, geheimnisvollen Welt. Die Höhlen sind ein kompliziertes und tückisches Labyrinth. In einem anderen Labyrinth könnte sofort der Gedanke auftauchen, man müsse den Ausgang finden, so schnell wie möglich von hier wegkommen. In diesen Höhlen aber will man bleiben. Hier ist es eng, schmal, und man bekommt Angst. Aber mein Herz jubiliert, als ob es mit den Seelen all der vielen Diener Gottes sprechen würde, die hier begraben sind. Wir feiern eine Seelenmesse, sie klingt still und mächtig. Dann gehen wir noch einmal durch lange Korridore und kommen in die unterirdische Auferstehungskirche. Hier brechen die Osterhymnen von selbst aus der Seele hervor: „Christus ist von den Toten auferstanden, durch seinen Tod hat er den Tod besiegt!“

Am Abend verlassen wir das Kloster. Bis zur Bushaltestelle begleitet uns der dortige Gottesnarr Aljoscha. Er ist prächtig herausgeputzt, wie es einem Clown geziemt, er hat sich verschiedene Töpfe, Konservendosen, Bratpfannen und Flaschen umgehängt. All das klappert, klirrt und schwankt herum. Aljoscha betet besonders phantasievoll und mit mustergültiger Frömmigkeit, er macht ein breites Kreuzzeichen und verneigt sich tief nach allen Seiten hin. Der Lärm, den all seine Utensilien dabei machen, erklingt noch mächtiger. Mit seinem ganzen Benehmen sagt er (ohne Worte): „Ihr alle habt euch in euren Sorgen und in der Hast des Alltags verstrickt, einer Hast, die ihr nicht von euch abwerfen könnt, und dabei tut ihr noch so, als ob ihr zu Gott beten würdet. Ihr Heuchler!" Mir selber sagt das Benehmen von Aljoscha noch: „Du fährst weg aus dem Kloster in den Lärm der Welt. Wie dumm du doch bist!"

Wie sehr möchte ich die Frische und die Ursprünglichkeit des Betens im Kloster wenigstens zu einem Bruchteil bewahren, weil es klar ist, daß nach ein paar Tagen die Welt wieder das ihre fordern wird. Das geistige Empfinden wird an Schärfe verlieren, abstumpfen, absterben. Und dennoch wird der Geist, auch wenn er abstumpft, nicht ganz verschwinden. Und diese geistige Erfahrung wird nicht vernichtet werden können.

Leningrad, 24. September 88

Der Tag rückt näher, an dem ich Rußland wieder verlassen muß. Ich kam hierher zurück nach acht Jahren Emigration und es war, als wäre ich überhaupt nicht weggefahren, da ich all diese Jahre hindurch mit Rußland verbunden war mit meinem Herzen und meinem Verstand, durch Briefe und Telefongespräche.

Und dennoch bin ich hierher ein bißchen als ein westlicher Mensch zurückgekommen, der verschlossen ist und nicht aus sich herausgeht. In den ersten Tagen in der Heimat erschien mir die russische Unmittelbarkeit, die mich erfreute, aber doch auch wieder ungewohnt war, ungezügelt, wild. Ja, ich hatte vergessen, daß es die Wärme der menschlichen Beziehung gibt, daß es die Liebe gibt, die nichts verlangt, daß es eine Aufrichtigkeit gibt, die fast tragisch ist, so unerwartet und auch so gefährlich. Vergessen habe ich auch, daß es auf der Welt Menschen gibt, die nie von Geld reden und auch nicht davon, wer wo arbeitet und wer unter welchen Bedingungen lebt.

Ich habe diese knapp drei Monate hindurch in einer richtig „demokratischen" Welt gelebt. Als angesehenster Arbeitsplatz galt bei uns in Leningrad die Arbeit eines Wächters oder eines Heizers bei der Kirche, und die Leute gaben ihre Lehrstühle, ihre hochbezahlten Arbeitsstellen auf, um näher bei der Kirche zu sein. Wie oft kam zu uns ein Mitglied der Akademie der Wissenschaften in Begleitung eines Liftführers. Und der Akademiker hat dem Liftführer mit großer Hochachtung zugehört und ihm auf den Mund geschaut.

Die Hauptsache ist: Wenn ein Mensch den Weg des geistigen Wachstums eingeschlagen hatte, konnte man ihn immer zu einem geistigen Vater oder in die Kirche schicken, und er fand dort unbedingt etwas Richtiges, und dann hing die Wahl, die er in seinem Leben zu treffen hatte, allein nur von ihm ab. Bei uns in der Sowjetunion gibt es noch solche Orte, wohin jeder kommen kann und wo jeder sich selbst finden kann.

27. September 1988

Auf dem Smolensker Friedhof wurde vor kurzem die Kapelle der großen Gottesnärrin Xenia geöffnet. Im Volk hat man Xenia schon lange verehrt, sie vollbrachte Wunder und antwortete auf vorgebrachte Bitten und Gebete. Jetzt bin ich gekommen, um mich von dieser heiligsten unter allen Petersburger Heiligen zu verabschieden.

Xenia ist eine Frucht dieser Stadt und ein Segen für sie. Als Friedensengel schwebt ihre Seele über Petersburg/Leningrad. Unsere Stadt wurde auf sumpfigen Gelände erbaut. Nach dem Willen Peters des Ersten sind hier beim Bau der Stadt Tausende russischer Bauern umgekommen, und ihre Körper wurden in die Erde gelegt, auf der diese Stadt jetzt steht. Von ihrem Beginn an ist Petersburg eine Stadt der Opfer und der Märtyrer gewesen. Ungeliebt war sie von den ersten Tagen der Sowjetmacht an. (Der erste große Aufstand gegen die Bolschewiki hat schließlich in allernächster Nähe zu Petersburg stattgefunden: in Kronstadt). Im Zweiten Weltkrieg hat Leningrad die Blockade durchgemacht, die Stadt hat dabei zwei Millionen Menschen verloren, die vor Hunger und Kälte starben.

In dieser Stadt lebten und leben bis auf den heutigen Tag die seltsamsten Menschen der Welt, Menschen, die völlig heimatlos sind. Jeder zweite hier schreibt Gedichte, viele verlieren den Verstand. Aber die äußere Armut und die physische Gebrechlichkeit sind nur Spiegel für das geistige Elend, für die Seligkeit der Weinenden.

Xenia war, äußerlich betrachtet, grob und verrückt, von innen her gesehen aber eine liebende und weise Frau. Sie rettete Arme, entlarvte Ungerechte, baute Kir-

Literatur bei Herder

Leonid Borodin
Die dritte Wahrheit
Roman

192 Seiten, gebunden mit Schutzumschlag
ISBN 3-451-21194-7

Russische Ostergeschichten
Herausgegeben von Bernd Rullkötter
2. Auflage, 144 Seiten, gebunden
ISBN 3-451-19453-8

José Luis Sampedro
Das etruskische Lächeln
Roman

336 Seiten, gebunden mit Schutzumschlag
ISBN 3-451-21345-1

Li Ping
Zur Stunde des verblassenden Abendrots
Roman

192 Seiten, gebunden mit Schutzumschlag
ISBN 3-451-21154-8

Verlag Herder Freiburg · Basel · Wien

chen, lief in einem Uniformmantel für Männer herum und ging barfuß bei jedem Wetter, sogar bei grimmigstem Frost. Diese ewige Pilgerin hatte kein Zuhause, „nichts, wohin sie hätte den Kopf legen können". Die selige Xenia ist die schockierendste Herausforderung an Selbstzufriedenheit und Wohlstand.

Heute habe ich meine traurige und meine helle Stadt wieder im Glanz des geheimnisvollen Wagemutes der seligen Xenia gesehen. Petersburg hängt über einem Abgrund, es ist auf Gebeinen und auf Verrücktheit erbaut, aus dem Nichts geschaffen durch den mächtigen Willen eines Menschen. In Petersburg gibt es einen vom Wasser schweren Himmel und eine leichte Erde. Die selige Xenia wird auf den Ikonen als eine Trauer empfindende alte russische Frau dargestellt. Sie trägt ein schwarzes Tuch um den Kopf, müde und gequält sind ihre Lippen zusammengepreßt, sie ist völlig frei von allem Äußerlichen, Theatralischen, Heldenhaften. Aber Xenia hat einen solchen Geist, daß sie wie es ein Schriftsteller einmal gesagt hat, „ganz Petersburg aufwiegt".

Nur durch das Leid kann man zur Wahrheit kommen, nur in der Geduld entdecken wir, was Gottes Pläne mit uns sind. In Rußland habe ich erfahren, daß es das Glück gibt. Aber welch langer Weg ist es bis dahin! Und ich habe angefangen, eben diesen Weg liebzugewinnen; zum ersten Mal weiß ich, was geistige Reife ist.